les BANQUIERS

NUL SI DÉCOUVERT

DESSIN
ERIC MILLER
SCÉNARIO
PERCHE
COULEURS
DAVID LUNWEN

VENTS D'OUEST

À Cyril.

E. Miller

31-33, rue Ernest-renan
92130 ISSY-LES-MOULINEAUX
www.ventsdouest.com

Dépôt légal : août 2003
Achevé d'imprimer en France en août 2003
par *Partenaires-Livres®*

LE DIRECTEUR GENERAL

Il est la lumière. Il est le soleil. Il est le maître absolu du Crédit National du Pays, la banque qui emploie Manfred. Tout le monde s'incline sur son passage car il a droit de vie et de mort sur ses serfs, autrement dit ses employés.
Il condescend parfois à se mêler à la vie de l'agence mais, soyons francs, le moins possible.
Car si l'argent n'a pas d'odeur, ce n'est pas le cas de ses collaborateurs!

MANFRED

Directeur d'agence du Crédit National du Pays. Manfred fait partie d'une race particulière de personnel encadrant : les cadres botanistes.
En effet, il est à la fois responsable de son agence et éleveur de courges.
Les courges de Manfred sont impropres à la consommation, à part peut-être dans certains endroits du fin fond de la jungle de Bornéo. Ses courges sont ses collaborateurs : conseiller, vigile, secrétaire, etc...

LINDA

Ah, Linda ! C'est la plus jolie des courges ! Une pure merveille de cucurbitacée !
Elle a été embauchée par Manfred alors qu'elle est une femme... Car il faut dire que le monde de la banque est un monde d'hommes.
Les banquiers pensent que l'argent est une affaire trop sérieuse pour la confier aux femmes.
Et Linda est la démonstration que même les banquiers peuvent se tromper !
Et puis des courges comme ça, on aimerait en avoir plein son jardin...

COURTIER

Courge la plus mûre, Courtier est le plus expérimenté des conseillers de l'agence. A ce titre, il est le premier à souffrir des exigences de Manfred. Courtier reste pourtant stoïque et courtois. Il faut dire qu'il est banquier jusqu'au bout des ongles: propre sur lui, un peu désuet, d'excellent conseil... enfin parfois. Car, ne vous y trompez pas, les conseils de Courtier n'ont qu'un objectif : atteindre le niveau de production imposé par sa hiérarchie.
Et si pour cela il doit vous vendre sa chemise, alors c'est torse nu qu'il vous raccompagnera à la porte de l'agence !

VIRGILE

C'est le personnage qui se rapproche le plus de la courge par l'esprit. Soyons clair, il n'a pas une grande intelligence. Cela ne l'empêche pas de faire son métier avec cœur.
Car, Virgile c'est de la courge haut de gamme, de la courge qui peut rester immobile des heures durant à la porte du potager... heu... de l'agence. Par contre, si un malfrat tente d'entrer dans l'agence, il se rend vite compte que Virgile, c'est de la courge survitaminée et qu'en comparaison, Cerbère est un caniche nain. Vous l'avez compris, Virgile est le vigile...

Tchang Kaï Chèque

Crédit National du Pays
C'EST POURQUOI ?
JE VIENS CHERCHER UN CHÉQUIER !
24/24
UN CHÉQUIER ! POURQUOI FAIRE ?
COMMENT, POURQUOI FAIRE ? JE VEUX UN CHÉQUIER, C'EST TOUT !
C'EST ENCORE POUR DÉPENSER DE L'ARGENT JE PRÉSUME !
BEN OUI !
SACHEZ QUE NOUS AVONS EU DES CONSIGNES TRÈS STRICTES ! PAS DE CHÉQUIER !
ÇA C'EST VRAI MADAME A RAISON !
MAIS C'EST UN MONDE, ÇA !
VOUS, LE DÉBITEUR, SILENCE OU JE VOUS RECOLLE DES AGIOS !
GASP
MAIS...
IL N'Y A PAS DE MAIS ! PAS DE CHÉQUIER POUR LES CLIENTS QUI VEULENT DÉPENSER DES SOUS ! LA SANTÉ DE MON ENTREPRISE EST EN JEU !
VIGILE, RACCOMPAGNEZ MADAME !!!
MAIS CHÉRI, J'AI VRAIMENT BESOIN D'UN CHÉQUIER !
À NOUS DEUX, MONSIEUR CIGALI !
SOYEZ RAISONNABLE, LAISSEZ VOTRE MARI TRANQUILLE.
MILLER PERCHE

Miller/Perche

Hold-up and down

AU REVOIR MADAME, BONNE JOURNÉE !
QUE PERSONNE NE BOUGE !
?!
!?!
TOI, LE GROUILLOT, VA CHERCHER LA CLEF DE LA SALLE DES COFFRES OU CET HOMME VA CREVER !
?
VOUS POUVEZ JUSTE VOUS POUSSER UN PEU QUE JE PUISSE SERVIR LA DAME DERRIÈRE VOUS ?
!!
!
N'AYEZ PAS PEUR, MADAME, NOUS AVONS L'HABITUDE... ALORS, QUE DÉSIREZ-VOUS ?
DITES, VOUS VOUS OCCUPEZ DE MOI, OU J'EXPLOSE LA TRONCHE DE VOTRE CLIENT ?
SOUPIR !
AH OUI, EXCUSEZ-MOI, JE VOUS AVAIS OUBLIÉ...
VIRGILE, APPELLE LA POLICE !
TU DEVRAIS LAISSER TOMBER, ILS NE VONT PAS TE DONNER SATIFACTION !
MAIS POURQUOI ?
APPROCHEZ, MONSIEUR DELATTRE, N'AYEZ PAS PEUR !
JE N'AI PLUS DE SOUS SUR MON COMPTE.
!!!
MILLER/PERCHE

Evolution de carrière

BONJOUR, MONSIEUR LE DIRECTEUR, JE SUIS LINDA DELABAL...
M. MANPAIN
... C'EST LE SERVICE DU PERSONNEL QUI M'ENVOIE POUR REMPLACER MADAME DUFOUR.
AAAH, ENFIN VOUS VOILÀ. ASSEYEZ-VOUS, JE VOUS EN PRIE.
C'EST VOTRE PREMIER JOUR DANS L'ENTREPRISE ?
OUI, MONSIEUR LE DIRECTEUR.
"AH, LE PREMIER JOUR... JE M'EN SOUVIENS, COMME SI C'ÉTAIT HIER... J'AI COMMENCÉ AU GUICHET COMME VOUS..."
TAP TAP TAP
"PUIS JE SUIS PASSÉ CONSEILLER IMMOBILIER... J'ÉTAIS INTRAITABLE !"
ALORS, VOUS NOUS LE FAITES, LE CRÉDIT POUR LA MAISON ?
HEU... RAPPELEZ-MOI, JE VAIS RÉFLÉCHIR !
"À FORCE DE TRAVAIL, D'INTELLIGENCE, D'OPINIÂTRETÉ, J'AI GRIMPÉ L'ÉCHELLE, JE SUIS DEVENU DIRECTEUR ADJOINT."
DIRECTEUR
"J'AI GRAVI TOUS LES ÉCHELONS ET JE SUIS DEVENU DIRECTEUR !"
KOF KOF
DIRECTEUR
VOUS AUSSI, VOUS POUVEZ GRAVIR L'ÉCHELLE DE CETTE ENTREPRISE !
MAIS... QU'EST-CE QUE VOUS FAITES ?!
L'ÉCHELLE, C'EST FATIGANT, JE PRENDS L'ASCENSEUR !
Miller/Perche

Le compte est bof

BONJOUR MONSIEUR CIGALI, QU'Y A-T-IL POUR VOTRE SERVICE ?
JE VIENS REMETTRE DE L'ARGENT SUR MON COMPTE !
10... 20... 30... 40... 50... 140... 350 €UROS !
MOUAIS, Y'MANQUE CINQUANTE € !
C'EST PAS GRAVE, JE VAIS RECOMPTER !
10... 20... 30... 140... 350 € !
IL MANQUE ENCORE 50 €.
AH, VOUS CROYEZ ?
OUI, J'EN SUIS SÛR !
BON, BEN JE VAIS COMPTER À NOUVEAU !...
10... 20... 30... 40 ... 140 ... 350 € !
IL MANQUE TOUJOURS CINQUANTE €UROS !
VOUS ÊTES VRAIMENT SÛR ?!
MALHEUREUSEMENT SÛR ET CERTAIN...
BON BEN JE VAIS À NOUVEAU RECOMPTER !
10... 20... 30... 50... 140... 350 €
MANQUE 50 € !
Z'ÊTES ABSOLUMENT SÛR ?...
SÛR ET CERTAIN ! IL MANQUE CINQUANTE €UROS POUR QUE MON COMPTE NE SOIT PLUS DANS LE ROUGE !
MILLER/PERCHE

Le cœur sur la main

BONJOUR MADEMOISELLE, J'AI REÇU CE COURRIER ME DEMANDANT DE VENIR VOIR MONSIEUR MANFRED D'URGENCE.
OUI, JE SAIS DE QUOI IL S'AGIT, C'EST UN DE NOS COURRIERS AUTOMATIQUES. JE VAIS VOIR SI MONSIEUR MANFRED PEUT VOUS RECEVOIR...
SNIF
SNIF
EN MOINS DE 40 ANS !
CRÉDIT
GRATUIT
MONSIEUR MANFRED, AURIEZ-VOUS QUELQUES INSTANTS POUR MONSIEUR CIGALI ?
MMH ?
Les Echos
AH LINDA, JE PENSAIS JUSTEMENT À VOUS EN LISANT MON JOURNAL !
PLAY MAN
HMM... TOI !
HEU, MONSIEUR LE DIRECTEUR, MONSIEUR CIGALI EST LÀ !
BONJOUR MONSIEUR CIGALI, QUELLE BONNE SURPRISE...
SOYEZ FORT, CIGALI, VOUS ÊTES DÉBITEUR !
QUOI ? MON COMPTE EST ENCORE DANS LE ROUGE ?
OH MON DIEU, C'EST PAS VRAI !
JE SAIS CE QUE VOUS RESSENTEZ, LA HONTE, L'HUMILIATION, L'OPPROBRE LE SENTIMENT DE N'ÊTRE PLUS RIEN.
BOUH
MAIS NOTRE BANQUE A À CŒUR DE NE PAS LAISSER SES CLIENTS DANS L'EMBARRAS !
C'EST-À-DIRE ?
MILLER / PERCHE

→

NOUS AVONS DÉCIDÉ DE VOUS AIDER !
NON !
SISI !
ALLÉLUIA !
JE SAVAIS QU'ON POUVAIT COMPTER SUR SON BANQUIER !
ÇA C'EST VRAI, ÇA C'EST VRAI !...
POUVEZ-VOUS ME MONTRER VOTRE CHÉQUIER ET VOTRE CARTE BANCAIRE S'IL VOUS PLAIT ?
BIEN SÛR, MONSIEUR LE DIRECTEUR !
VIRGILE, POUVEZ-VOUS VENIR S'IL VOUS PLAIT ?
ALLEZ M'ENTERRER ÇA !
MAIS, MAIS, VOUS AVIEZ PROMIS DE M'AIDER !
C'EST CHOSE FAITE, CIGALI !
VOUS VERREZ, BIENTÔT, VOUS NE SEREZ PLUS DANS LE ROUGE !
MAIS...
NON NON, NE ME REMERCIEZ PAS !
MILLER/PERCHE

La guerre des taux

TOC TOC
HEREIN !
HEU... ÇA VEUT DIRE QUOI "HEREIN", MONSIEUR LE DIRECTEUR ?
ÇA VEUT DIRE "ENTREZ" DANS LA LANGUE DE GOETHE. C'EST BEAU LA LANGUE DE GOETHE, N'EST-CE PAS, COURTIER ?
GRATUIT 30 €/mois
NOUVEAU
HEU... POURQUOI M'AVEZ-VOUS FAIT APPELER, MONSIEUR LE DIRECTEUR ?
COURTIER, VOUS SAVEZ QUE JE VOUS APPRÉCIE...
...VOUS SAVEZ AUSSI QUE J'AI UN DROIT DE REGARD SUR VOS COMPTES BANCAIRES PERSONNELS...
...POUR VOIR S'IL N'Y A PAS DE MALVERSATION... JE SAIS, CHEF.
SUR VOTRE RELEVÉ DE COMPTE, JE VIENS DE DÉCOUVRIR UNE LIGNE D'ÉCRITURE INTITULÉE : "CRÉDIT COFINAREFOGA"...
ALORS, C'EST QUOI CETTE LIGNE D'ÉCRITURE, COURTIER ?!
BEN...
J'ATTENDS, COURTIER... J'ATTENDS !
TAP TAP
J'AVOUE CHEF ! J'AI PRIS UN CRÉDIT CHEZ CE CONCURRENT !
PARDON PARDON !
MAIS POURQUOI, COURTIER ? POURQUOI UNE TELLE TRAHISON ?...
PARCE QUE LEUR TAUX DE CRÉDIT À LA CONSOMMATION EST 2% MOINS CHER QUE LE NÔTRE !...
COFINAREFOGA
QUE PUIS-JE POUR VOUS, MONSIEUR ?
JE VIENS POUR FAIRE UN CRÉDIT À LA CONSOMMATION, MADEMOISELLE...
LE CHAMPION DU TAUX ! COFINAREFOGA
MILLER/PERCHE

Big brother

National du Pays
BONJOUR MONSIEUR LE DIRECTEUR... GOUZI GOUZI !
!?
MAIS QU'EST-CE QU'ELLE A, CELLE-LÀ ? POUR UN PEU, J'AI CRU QU'ELLE ME FAISAIT DU GRINGUE !...
JE SUIS FIER DE TRAVAILLER POUR VOUS, MONSIEUR LE DIRECTEUR !
?
MAIS QU'EST-CE QU'ILS ONT TOUS ?!
POINT CHÈQUES
MONSIEUR LE DIRECTEUR, VOUS ÊTES DORÉNAVANT UN MODÈLE POUR MOI ! JE N'AI QU'UN MOT : RESPECT !
VIRGILE, DITES-MOI, VOUS AVEZ UNE IDÉE DE CE QUI SE PASSE ?
BEN, C'EST VOTRE COUP DE L'ASCENSEUR AVEC MADEMOISELLE DELABAL ! JE CROIS QUE ÇA A IMPRESSIONNÉ TOUT LE MONDE...
PRO DU TAUX
MAIS... COMMENT ÊTES-VOUS TOUS AU COURANT ?
?!
!!
HÉ HÉ
TÉLÉSURVEILLANCE, MONSIEUR LE DIRECTEUR, TOUT EST ENREGISTRÉ !
PRO DU TAUX
NE JAMAIS FAIRE ÇA DANS UNE BANQUE ...

Miller/Perche

Prêt à tout

MAIS MONSIEUR HÉRENGUEL, JE NE PEUX PAS DÉRANGER MONSIEUR MANFRED !
S'IL VOUS PLAÎT, MADEMOISELLE, JUSTE UNE SECONDE. JE VEUX SEULEMENT SAVOIR SI MON PRÊT EST ACCORDÉ.
MANFRED DIRECTEUR
MONSIEUR LE DIRECTEUR, C'EST MONSIEUR HÉRENGUEL QUI VEUT AVOIR DES NOUVELLES DE SON CRÉDIT !
ENCORE ?! MAIS ÇA FAIT DÉJÀ TROIS FOIS AUJOURD'HUI !...
EN FAIT, ÇA FAIT CINQ FOIS ET UNE SOIXANTAINE DE COUPS DE FIL CETTE SEMAINE ! QUE DOIS-JE LUI DIRE, MONSIEUR LE DIRECTEUR ?!
QU'ON LE CONTACTERA DÈS QUE JE DONNERAI MON ACCORD, ET QUE C'EST PAS LA PEINE DE NOUS HARCELER !
VOILÀ, JE VOUS AI TOUT DIT, ENCORE UN PEU DE PATIENCE, MONSIEUR HÉRENGUEL.
ATTENDRE, TOUJOURS ATTENDRE, POUR UN TOUT PETIT CRÉDIT EN PLUS !
À DEMAIN, MONSIEUR LE DIRECTEUR...
À DEMAIN, COURTIER, ET ESSAYEZ DE "BOOSTER" VOS OBJECTIFS DEMAIN.
MONSIEUR MANFRED ! HOU HOU, MONSIEUR MANFRED...
!?
MAIS, MONSIEUR, QUE FAITES-VOUS ENCORE ICI ?...
JE VOUS ATTENDS DEPUIS TOUT À L'HEURE POUR ÊTRE SÛR DE NE PAS VOUS RATER.
ALORS, VOUS AVEZ DES NOUVELLES, POUR MON CRÉDIT ?
ÉCOUTEZ, MONSIEUR HÉRENGUEL... JE VAIS VOUS LE DIRE UNE DERNIÈRE FOIS. VOTRE DOSSIER EST EN COURS D'ÉTUDE. JE PRENDS MA DÉCISION DEMAIN SANS FAUTE.
MILLER/PERCHE

JE SAIS, JE SAIS, MAIS MA FEMME ET MOI NOUS SOMMES PRESSÉS ! ÇA FAIT TROIS ANS QU'ON CHERCHE, ET, ENFIN ON TROUVE LA MAISON DE NOS RÊVES, ET PAS CHÈRE EN PLUS !
IMMO 2000
TENEZ LA VOILÀ !
?!
À SAISIR, SUITE DIVORCE, MAISON INDIVIDUELLE, DE 200 M² HABITABLES. TERRAIN ARBORÉ DE 1500 M², QUARTIER TOP.
120 000 €
LE REZ-DE-CHAUSSÉE EST SUPERBLE ET LA CUISINE EST GRANDIOSE ! QUATRE CHAMBRES, DEUX SALLES DE BAIN, UN JACUZZI...
IL Y A UNE TERRASSE EN TECK AVEC PISCINE CHAUFFÉE ET UN SOLARIUM... ET VOUS SAVEZ QUOI ?...
...TOUS LES VOLETS SONT ÉLECTRIQUES !
JE SAIS, VOUS ME L'AVEZ DIT 100 FOIS. BON, JE VAIS VOUS LAISSER, J'AI RENDEZ-VOUS AVEC MA FEMME.
ACCORDEZ-MOI CE CRÉDIT, S'IL VOUS PLAIT ! JE N'AI BESOIN QUE DU QUART DE LA SOMME ET J'AI DE TRÈS BONS REVENUS !
JE VOUS DONNE MA RÉPONSE DEMAIN. AU REVOIR, MONSIEUR HÉRENGUEL !
VOILÀ NOTRE NOUVELLE MAISON, CHÉRIE. J'AI EU LE TUYAU PAR UN CLIENT ET J'AI DÛ FAIRE VITE POUR L'ACHETER, Y AVAIT DU MONDE DESSUS !
OH CHÉRI, T'AS BIEN FAIT, JE SUIS SI HEUREUSE...
ET PUIS TU VERRAS, TOUS LES VOLETS SONT ÉLECTRIQUES !
VENDU
Miller/PERCHE

Merci la pub

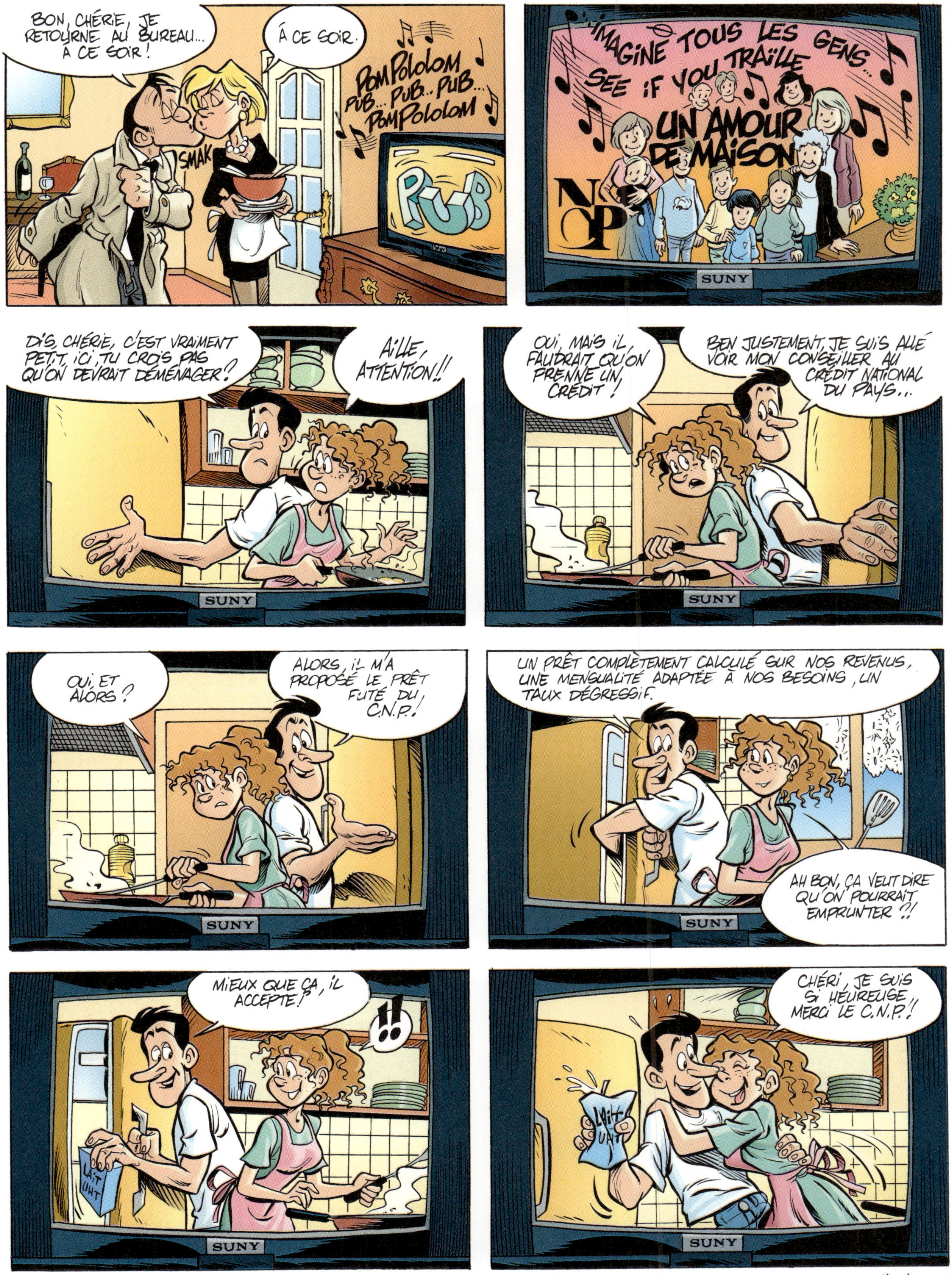

BON, CHÉRIE, JE RETOURNE AU BUREAU... A CE SOIR !
À CE SOIR.
POMPOLOLOM PUB... PUB... PUB... POMPOLOLOM
SMAK
PUB
IMAGINE TOUS LES GENS... SEE IF YOU TRAÏLLE
UN AMOUR DE MAISON
NCP
SUNY
DIS, CHÉRIE, C'EST VRAIMENT PETIT, ICI, TU CROIS PAS QU'ON DEVRAIT DÉMÉNAGER ?
AÏLLE, ATTENTION !!
SUNY
OUI, MAIS IL FAUDRAIT QU'ON PRENNE UN CRÉDIT !
BEN JUSTEMENT, JE SUIS ALLÉ VOIR MON CONSEILLER AU CRÉDIT NATIONAL DU PAYS...
SUNY
OUI, ET ALORS ?
ALORS, IL M'A PROPOSÉ LE PRÊT FUTÉ DU C.N.P. !
SUNY
UN PRÊT COMPLÈTEMENT CALCULÉ SUR NOS REVENUS, UNE MENSUALITÉ ADAPTÉE À NOS BESOINS, UN TAUX DÉGRESSIF.
AH BON, ÇA VEUT DIRE QU'ON POURRAIT EMPRUNTER ?!
SUNY
MIEUX QUE ÇA, IL ACCEPTE !
!!
LAIT UHT
SUNY
CHÉRI, JE SUIS SI HEUREUSE, MERCI LE C.N.P. !
LAIT UHT
SUNY

Miller/Perche

→

PRÊTS FUTÉS DU C.N.P, POUR ÊTRE SÛR DE DÉMÉNAGER...
SUNY
PRÊTS FUTÉS DU C.N.P, POUR ÊTRE SÛR D'ÊTRE FINANCÉ...
NCP
LE POUVOIR DE DIRE OUI AU CRÉDIT
SUNY
DITES-MOI, ON NE S'EST PAS DÉJÀ VUS QUELQUE PART ?
COMME EUX DEVENEZ PROPRIÉTAIRE
PRÊTS FUTÉS DU C.N.P LE POUVOIR DE DIRE OUI
BIEN SÛR, ON VIENT DE TOURNER POUR LA PUB DE VOTRE BANQUE ! NOUS SOMMES COMÉDIENS.
AH, C'EST ÇA. JE ME DISAIS BIEN... ET QUE PUIS-JE POUR VOUS ?
BEN, NOUS VOUDRIONS PRENDRE UN CRÉDIT POUR ACHETER UNE MAISON !
PARCE QUE DANS LA VIE AUSSI NOUS SOMMES MARIÉS, ET NOUS CHERCHONS VRAIMENT À DÉMÉNAGER.
ET COMME ON A TOURNÉ VOTRE PUB, VOUS ÊTES LES PREMIERS QU'ON EST VENUS VOIR...
!!
MOUAIMOUAIS... JE COMPRENDS. ÉCOUTEZ, FAUT QUE JE DEMANDE À MON CHEF.
HEM...
QUOI DES COMÉDIENS ! PAS DE CRÉDIT POUR DES SALTIMBANQUES, COURTIER, ON REVERRAIT JAMAIS NOS SOUS !
BIEN, MONSIEUR LE DIRECTEUR... OUI, MONSIEUR LE DIRECTEUR !...
Miller/PERCHE

Pour qui sonne le glas ?

DONG DONG DONG
CE PAUVRE MONSIEUR DUPORTIER, IL EST PARTI SI VITE !
AH OUI, ON EST PEU DE CHOSE !
DONG DONG
SNIF SNIF !
BEUHEU... SNIF... BEUHEU SNIF... BEUHEU...
BOUIN C'EST TROP INJUSTE BOUIN
DITES-DONC, C'ÉTAIT QUELQU'UN DE SA FAMILLE ? C'EST LE SEUL QUI PLEURE !
BOUIN POURQUOI IL EST PARTI... OUIN !
NON !...
C'ÉTAIT NOTRE MEILLEUR CLIENT !
POURQUOI... SNIF... C'EST TOUJOURS LES MEILLEURS... SNIF QUI PARTENT ?
?!
À NOTRE PÈRE REGRETTÉ
MILLER/PERCHE

Pour qui glace le son ?

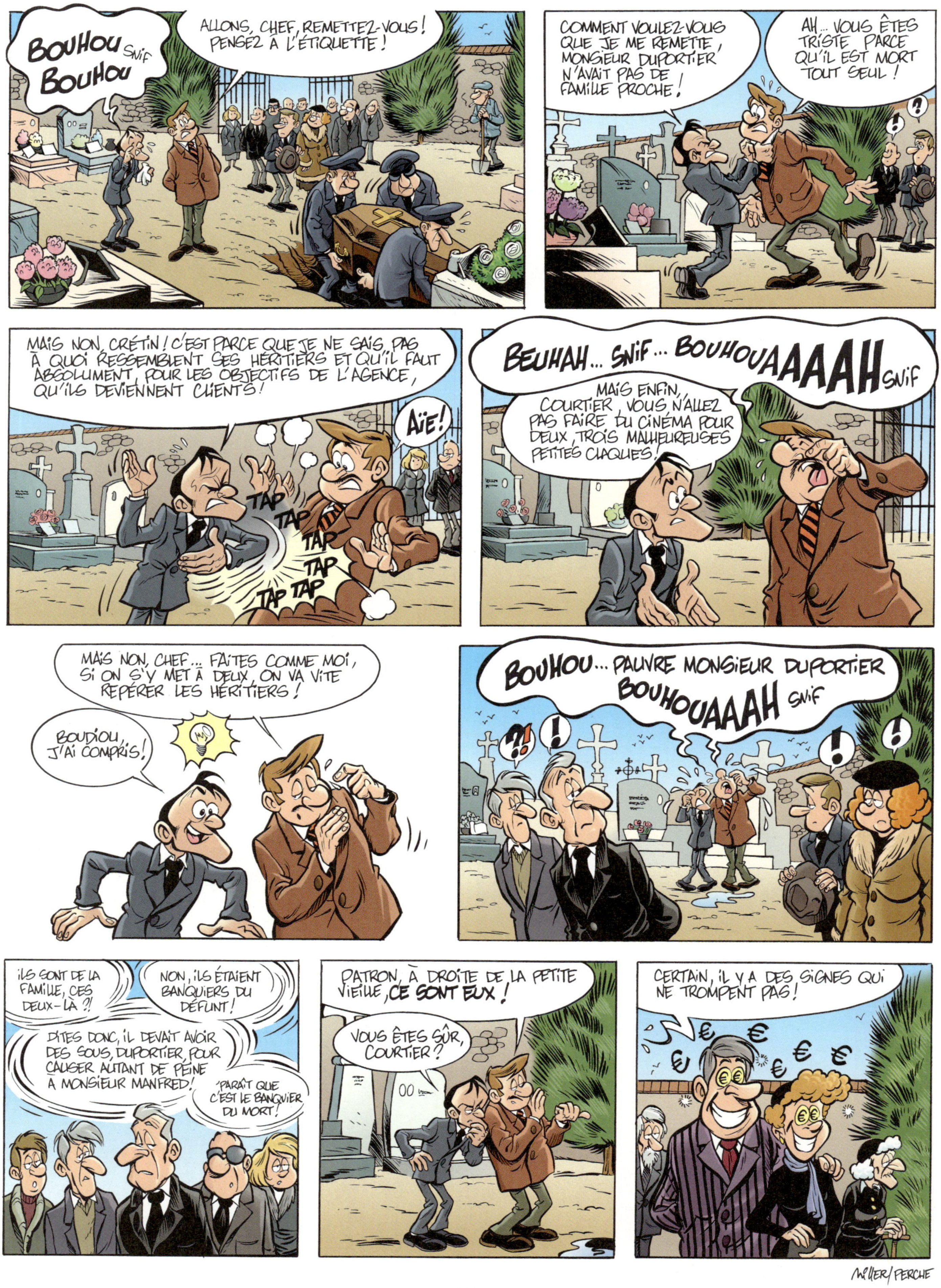

BOUHOU snif BOUHOU
ALLONS, CHEF, REMETTEZ-VOUS ! PENSEZ À L'ÉTIQUETTE !
COMMENT VOULEZ-VOUS QUE JE ME REMETTE, MONSIEUR DUPORTIER N'AVAIT PAS DE FAMILLE PROCHE !
AH... VOUS ÊTES TRISTE PARCE QU'IL EST MORT TOUT SEUL !
MAIS NON, CRÉTIN ! C'EST PARCE QUE JE NE SAIS PAS À QUOI RESSEMBLENT SES HÉRITIERS ET QU'IL FAUT ABSOLUMENT, POUR LES OBJECTIFS DE L'AGENCE, QU'ILS DEVIENNENT CLIENTS !
AÏE !
TAP TAP TAP TAP TAP TAP
BEUHAH... SNIF... BOUHOUAAAAH snif
MAIS ENFIN, COURTIER, VOUS N'ALLEZ PAS FAIRE DU CINÉMA POUR DEUX, TROIS MALHEUREUSES PETITES CLAQUES !
MAIS NON, CHEF... FAITES COMME MOI, SI ON S'Y MET À DEUX, ON VA VITE REPÉRER LES HÉRITIERS !
BOUDIOU, J'AI COMPRIS !
BOUHOU... PAUVRE MONSIEUR DUPORTIER BOUHOUAAAH snif
ILS SONT DE LA FAMILLE, CES DEUX-LÀ ?!
NON, ILS ÉTAIENT BANQUIERS DU DÉFUNT !
DITES DONC, IL DEVAIT AVOIR DES SOUS, DUPORTIER, POUR CAUSER AUTANT DE PEINE À MONSIEUR MANFRED !
'PARAÎT QUE C'EST LE BANQUIER DU MORT !
PATRON, À DROITE DE LA PETITE VIEILLE, CE SONT EUX !
VOUS ÊTES SÛR, COURTIER ?
CERTAIN, IL Y A DES SIGNES QUI NE TROMPENT PAS !
MILLER/PERCHE

Pour gli slace le quon ?

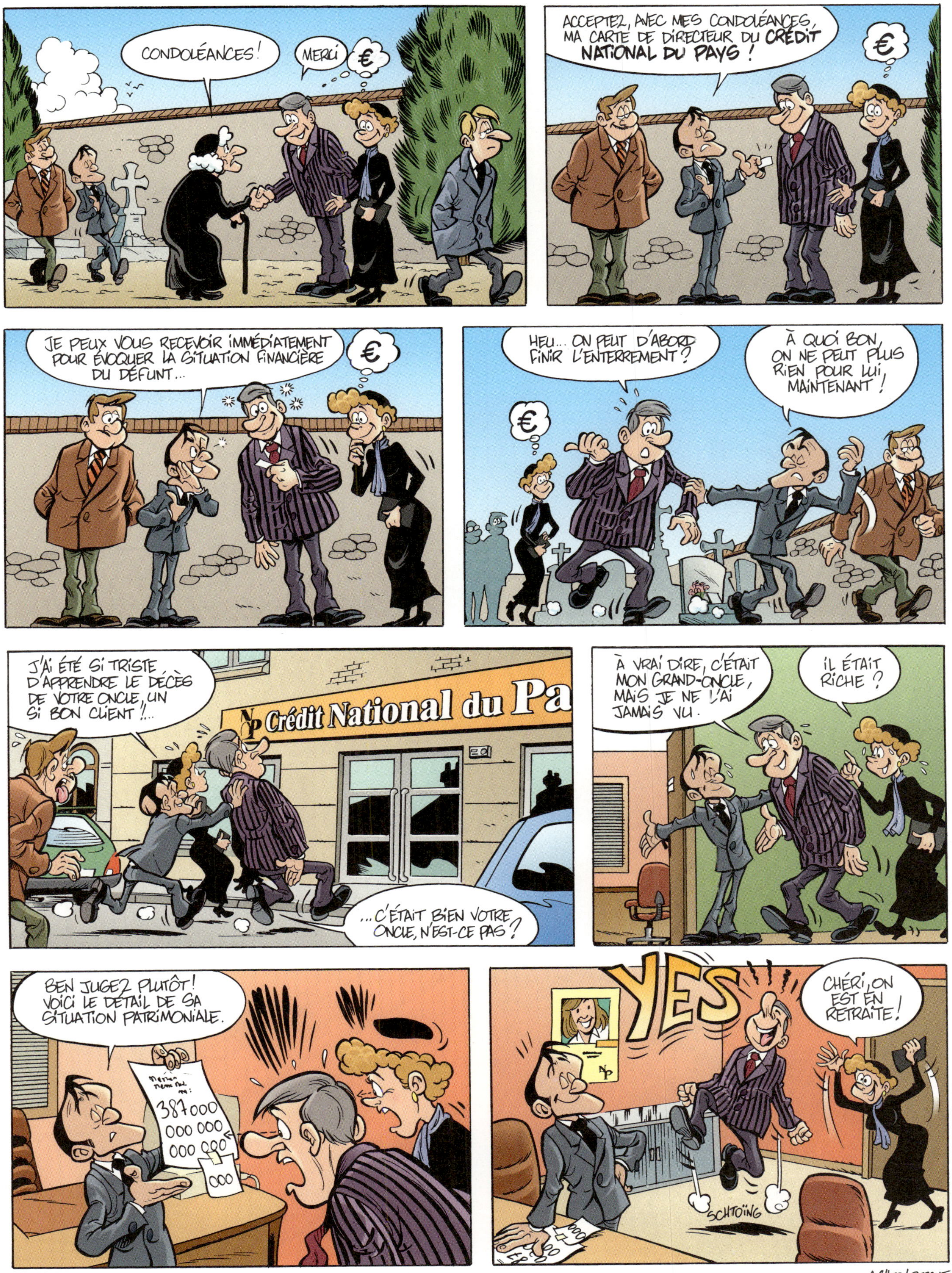
CONDOLÉANCES !
MERCI
€
ACCEPTEZ, AVEC MES CONDOLÉANCES, MA CARTE DE DIRECTEUR DU CRÉDIT NATIONAL DU PAYS !
€
JE PEUX VOUS RECEVOIR IMMÉDIATEMENT POUR ÉVOQUER LA SITUATION FINANCIÈRE DU DÉFUNT...
€
HEU... ON PEUT D'ABORD FINIR L'ENTERREMENT ?
€
À QUOI BON, ON NE PEUT PLUS RIEN POUR LUI, MAINTENANT !
J'AI ÉTÉ SI TRISTE D'APPRENDRE LE DÉCÈS DE VOTRE ONCLE, UN SI BON CLIENT !...
Crédit National du Pa
...C'ÉTAIT BIEN VOTRE ONCLE, N'EST-CE PAS ?
À VRAI DIRE, C'ÉTAIT MON GRAND-ONCLE, MAIS JE NE L'AI JAMAIS VU.
IL ÉTAIT RICHE ?
BEN JUGEZ PLUTÔT ! VOICI LE DÉTAIL DE SA SITUATION PATRIMONIALE.
387 000 000 000 000 000 000
YES
CHÉRI, ON EST EN RETRAITE !
SCHTOÏNG

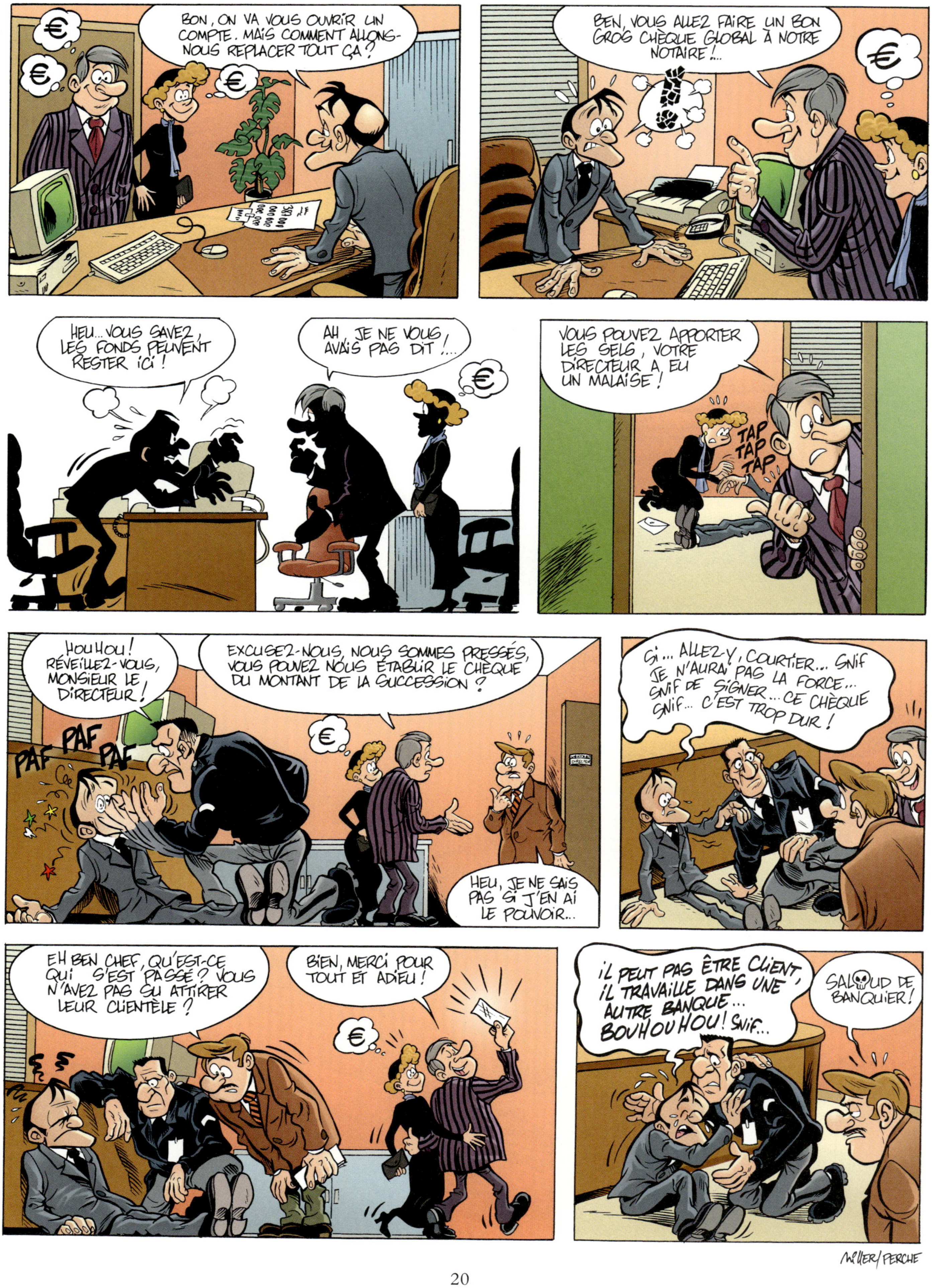

BON, ON VA VOUS OUVRIR UN COMPTE. MAIS COMMENT ALLONS-NOUS REPLACER TOUT ÇA ?
BEN, VOUS ALLEZ FAIRE UN BON GROS CHÈQUE GLOBAL À NOTRE NOTAIRE !...
HEU... VOUS SAVEZ, LES FONDS PEUVENT RESTER ICI !
AH, JE NE VOUS AVAIS PAS DIT !...
VOUS POUVEZ APPORTER LES SELS, VOTRE DIRECTEUR A EU UN MALAISE !
TAP TAP TAP
HOUHOU ! RÉVEILLEZ-VOUS, MONSIEUR LE DIRECTEUR !
PAF PAF PAF
EXCUSEZ-NOUS, NOUS SOMMES PRESSÉS, VOUS POUVEZ NOUS ÉTABLIR LE CHÈQUE DU MONTANT DE LA SUCCESSION ?
HEU, JE NE SAIS PAS SI J'EN AI LE POUVOIR...
SI... ALLEZ-Y, COURTIER... SNIF JE N'AURAI PAS LA FORCE... SNIF DE SIGNER... CE CHÈQUE SNIF... C'EST TROP DUR !
EH BEN CHEF, QU'EST-CE QUI S'EST PASSÉ ? VOUS N'AVEZ PAS SU ATTIRER LEUR CLIENTÈLE ?
BIEN, MERCI POUR TOUT ET ADIEU !
IL PEUT PAS ÊTRE CLIENT, IL TRAVAILLE DANS UNE AUTRE BANQUE... BOUHOUHOU ! SNIF...
SALAUD DE BANQUIER !
MILLER/PERCHE

Emulation

MESDAMES, ET MESSIEURS, JE VOUS AI RÉUNIS POUR VOUS PARLER DU CHALLENGE DU BANQUIER DU MOIS, CRÉÉ PAR NOTRE DIRECTION DU PERSONNEL.
L'ÉTÉ DE VOS ÉCONOMIES
BZZZ
MONSIEUR BRABANT ICI PRÉSENT, NOTRE CHEF DU PERSONNEL, VA VOUS EXPLIQUER EN QUOI IL CONSISTE... JE LUI PASSE LA PAROLE.
MERCI MONSIEUR LE DIRECTEUR.
BANQUIER DU MOIS
SEPTEMBRE
C'EST EXTRÊMEMENT SIMPLE. LA DIRECTION GÉNÉRALE A EU L'IDÉE DE S'INSPIRER D'UN MODÈLE TRÈS EN VOGUE EN AMÉRIQUE POUR AMÉLIORER NOS RÉSULTATS COMMERCIAUX...
BANQUIER du MOIS
AOÛT
NOVEMBRE
DÉCEMBRE
NOUS VOUS AVONS DEMANDÉ D'APPORTER UNE PHOTO CAR, CHAQUE MOIS, LE MEILLEUR VENDEUR AURA SON PORTRAIT AFFICHÉ AU TABLEAU D'HONNEUR...
... ET SURTOUT, LE VAINQUEUR DU MOIS TOUCHERA UNE PRIME EXCEPTIONNELLE DE 100 EUROS !
CE CHALLENGE EST BIEN SÛR PLACÉ SOUS LA RESPONSABILITÉ DE MONSIEUR MANFRED. JE REVIENDRAI VOUS VOIR DANS SIX MOIS POUR FAIRE LE POINT DES RÉSULTATS. BON COURAGE À TOUS...
BANQUIER du MOIS
JUILLET
AOÛT
NOVEMBRE
DÉCEMBRE
ET, SIX MOIS PLUS TARD...
LE MOIS DE VOS ÉTRENNES
ALORS, MONSIEUR MANFRED, CE CHALLENGE A-T-IL BOOSTÉ LES RÉSULTATS DE VOS COLLABORATEURS ?
PAS DU TOUT. LE 1er MOIS, J'AI EFFECTIVEMENT SENTI UNE ÉMULATION, MAIS DÈS LE 2ème MOIS, ILS SONT TOUS REDEVENUS DES COURGES !
AH BON ! MAIS COMMENT EST-CE POSSIBLE ? ÇA A TRÈS BIEN MARCHÉ DANS LES AUTRES AGENCES !
?!
FRANCHEMENT...
Miller/Perche

→

...J'EN SAIS RIEN!
BANQUIER du MOIS
JUILLET
AOÛT
SEPTEMBRE
OCTOBRE
NOVEMBRE
DÉCEMBRE
LES COURGES
MILLER/PERCHE

Le culte de la performance

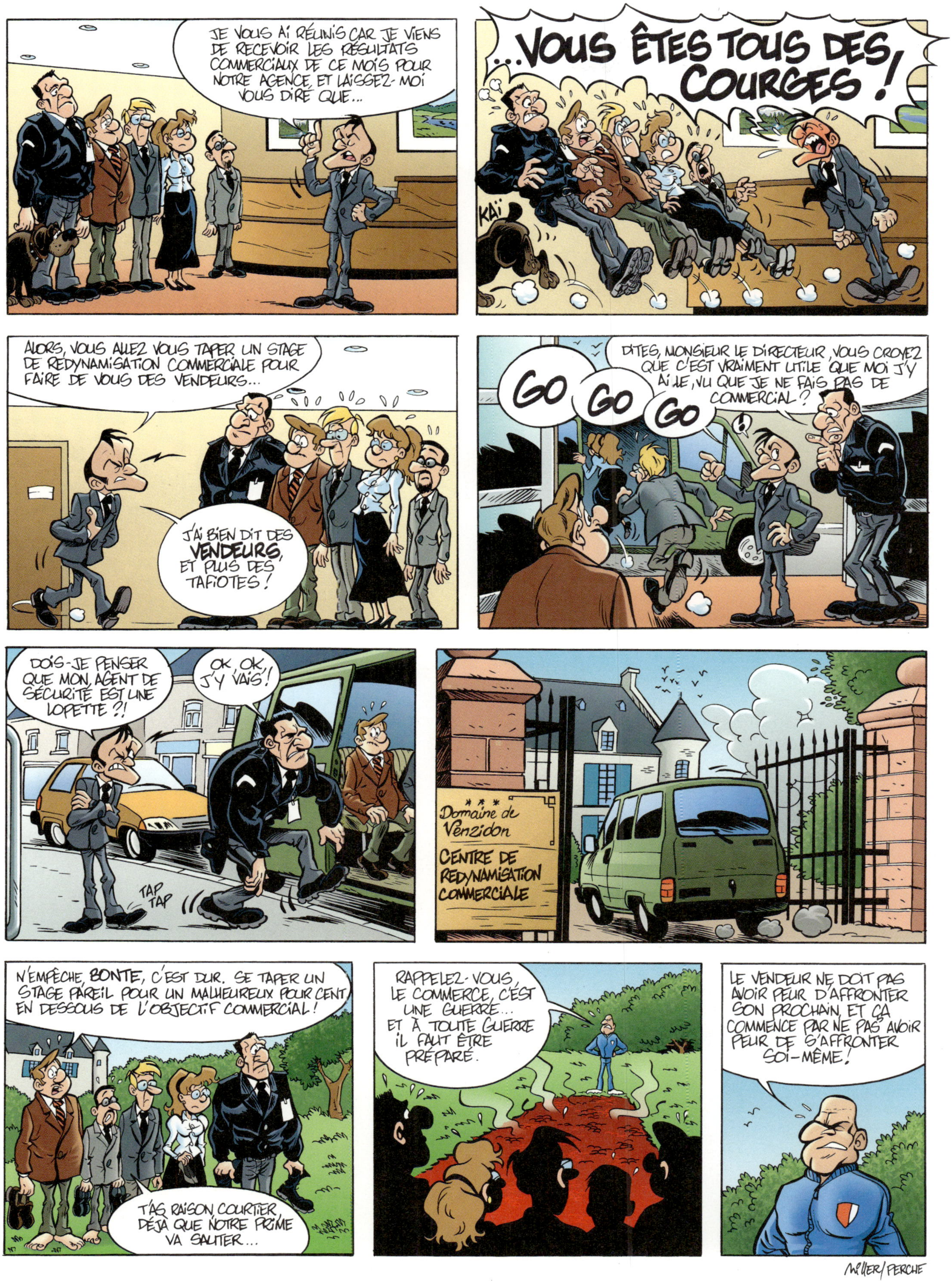
JE VOUS AI RÉUNIS CAR JE VIENS DE RECEVOIR LES RÉSULTATS COMMERCIAUX DE CE MOIS POUR NOTRE AGENCE, ET LAISSEZ-MOI VOUS DIRE QUE...
...VOUS ÊTES TOUS DES COURGES !
KAÏ
ALORS, VOUS ALLEZ VOUS TAPER UN STAGE DE REDYNAMISATION COMMERCIALE POUR FAIRE DE VOUS DES VENDEURS...
J'AI BIEN DIT DES **VENDEURS**, ET PLUS DES TAFIOTES !
GO
GO
GO
DITES, MONSIEUR LE DIRECTEUR, VOUS CROYEZ QUE C'EST VRAIMENT UTILE QUE MOI J'Y AILLE, VU QUE JE NE FAIS PAS DE COMMERCIAL ?
DOIS-JE PENSER QUE MON AGENT DE SÉCURITÉ EST UNE LOPETTE ?!
OK, OK, J'Y VAIS !
TAP TAP
Domaine de Venzidon
CENTRE DE REDYNAMISATION COMMERCIALE
N'EMPÊCHE, **BONTE**, C'EST DUR. SE TAPER UN STAGE PAREIL POUR UN MALHEUREUX POUR CENT EN DESSOUS DE L'OBJECTIF COMMERCIAL !
T'AS RAISON COURTIER, DÉJÀ QUE NOTRE PRIME VA SAUTER...
RAPPELEZ-VOUS, LE COMMERCE, C'EST UNE GUERRE... ET À TOUTE GUERRE IL FAUT ÊTRE PRÉPARÉ.
LE VENDEUR NE DOIT PAS AVOIR PEUR D'AFFRONTER SON PROCHAIN, ET ÇA COMMENCE PAR NE PAS AVOIR PEUR DE S'AFFRONTER SOI-MÊME !
MILLER/PERCHE

→

ALORS, JE VEUX VOUS ENTENDRE HURLER QUI VOUS ÊTES...
FSiiii
JE SUIS UN VENDEUR !
FSiiii
FSiiii
FSiiii
ET MOI UN MENTEUR, MAIS C'EST UN PEU PAREIL !
BIEN, PROUVEZ-LE-MOI EN TRAVERSANT CE CHAMP DE BRAISES !
FSiiii
FSiiii
FSiii
GO, GO, GO, GO !..
FSiii
SHHH
LE LENDEMAIN !
CHAMP DE BRAISES POUR TOUJOURS
?!
COURTIER, QUE S'EST-IL PASSÉ ?!
ON VA DEVENIR DES TOP VENDEURS DANS UN MOIS OU DEUX !
MAIS !.. OÙ EST BONTE ?
SOYEZ FORT, CHEF... ON A MARCHÉ SUR DES BRAISES !
NON, NE ME DITES PAS QUE...
SI, SI !...
... IL A GLISSÉ !
?
?
?
MILLER/PERCHE

Super cagnotte

VOILÀ, MADAME DEJONGHE, JE VOUS SOUHAITE UNE BONNE JOURNÉE !
MOI AUSSI MONSIEUR COURTIER.
SALUT DUCON, JE VOUDRAIS OUVRIR UN COMPTE !
PARDON, VOUS M'AVEZ APPELÉ COMMENT ?!
DUCON...
C'EST BIEN CE QUE J'AVAIS COMPRIS !
UN PROBLÈME, MONSIEUR COURTIER ?
NON, LAISSEZ, VIRGILE, J'AI L'HABITUDE !
OK, SINON, N'HÉSITEZ PAS À M'APPELER !
JE SUPPOSE QUE VOUS AVEZ ÉNORMÉMENT D'ARGENT POUR OSER M'APPELER COMME ÇA ET VOUS CROIRE TOUT PERMIS AVEC UN BANQUIER !
EH OUI DUCON, JE VIENS DE GAGNER LA SUPER-CAGNOTTE DU LOTO.
ÉCOUTEZ, POUR DES CLIENTS DE VOTRE QUALITÉ, UN SIMPLE MORTEL NE SUFFIT PAS. SEUL MON DIRECTEUR PEUT CONVENIR.
C'EST BIEN, TU COMPRENDS VITE, DUCON !
OUI COURTIER ?...
MONSIEUR LE DIRECTEUR, ON A UN GAGNANT DU LOTO QUI VEUT OUVRIR UN COMPTE !..
ENTREZ, CHER, TRÈS CHER AMI, C'EST UN PLAISIR DE VOUS RECEVOIR !
VOUS POUVEZ DISPOSER, DUCON !
Miller/Perche

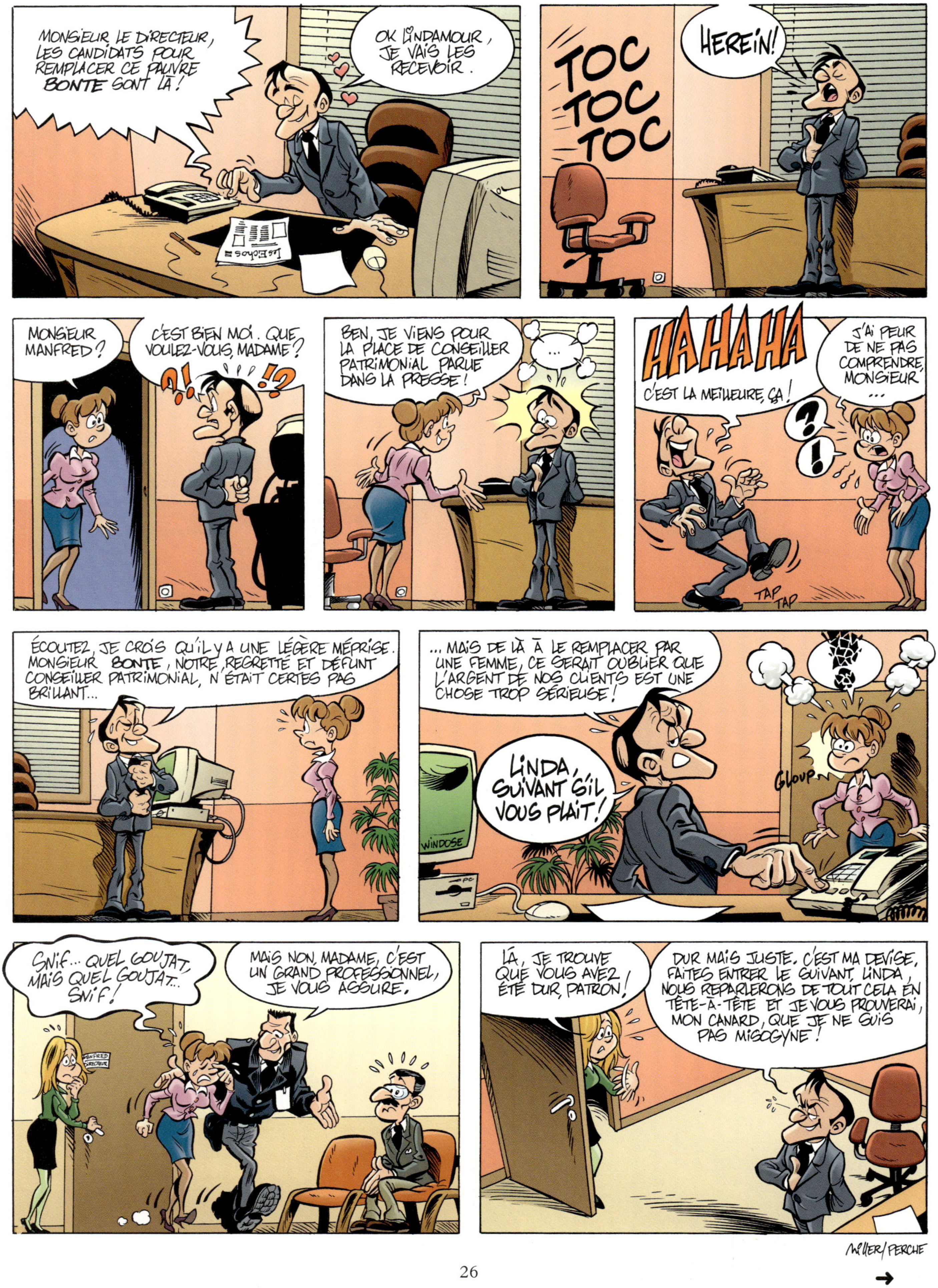
MONSIEUR LE DIRECTEUR, LES CANDIDATS POUR REMPLACER CE PAUVRE BONTE SONT LÀ !
OK LINDAMOUR, JE VAIS LES RECEVOIR.
TOC TOC TOC
HEREIN !
MONSIEUR MANFRED ?
C'EST BIEN MOI. QUE VOULEZ-VOUS, MADAME ?
?! !?
BEN, JE VIENS POUR LA PLACE DE CONSEILLER PATRIMONIAL PARUE DANS LA PRESSE !
...
HAHAHA
C'EST LA MEILLEURE, ÇA !
J'AI PEUR DE NE PAS COMPRENDRE, MONSIEUR ...
?!
TAP TAP
ÉCOUTEZ, JE CROIS QU'IL Y A UNE LÉGÈRE MÉPRISE. MONSIEUR BONTE, NOTRE REGRETTÉ ET DÉFUNT CONSEILLER PATRIMONIAL, N'ÉTAIT CERTES PAS BRILLANT...
... MAIS DE LÀ À LE REMPLACER PAR UNE FEMME, CE SERAIT OUBLIER QUE L'ARGENT DE NOS CLIENTS EST UNE CHOSE TROP SÉRIEUSE !
LINDA, SUIVANT S'IL VOUS PLAIT !
GLOUP
WINDOSE
SNIF... QUEL GOUJAT, MAIS QUEL GOUJAT... SNIF !
MAIS NON, MADAME, C'EST UN GRAND PROFESSIONNEL, JE VOUS ASSURE.
MANFRED DIRECTEUR
LÀ, JE TROUVE QUE VOUS AVEZ ÉTÉ DUR, PATRON !
DUR MAIS JUSTE. C'EST MA DEVISE. FAITES ENTRER LE SUIVANT, LINDA, NOUS REPARLERONS DE TOUT CELA EN TÊTE-À-TÊTE ET JE VOUS PROUVERAI, MON CANARD, QUE JE NE SUIS PAS MISOGYNE !
MILLER/PERCHE

→

BIEN MONSIEUR, POUR CE POSTE DE CONSEILLER PATRIMONIAL, I YA UN PRÉALABLE. EST-CE QUE VOUS MAÎTRISEZ L'€URO ?
BEN, J'AI ENCORE UN PEU DE MAL COMME TOUT LE MONDE, MAIS...
... J'ESSAYE DE CONSTRUIRE UN NOUVEAU RÉFÉRENTIEL AVEC LES PRIX COURANTS POUR REFLÉCHIR EN €UROS.
BIEN, BIEN, COMBIEN VAUT UNE BAGUETTE, ALORS ?
ENVIRON SOIXANTE CENTIMES...
BIEN. UN CAFÉ ?
1€URO 15 !
BIEN BIEN, UNE PLAQUETTE DE BEURRE ?
ENVIRON 2€UROS !
UN KILO DE RUMSTECK ?
15€25 !
UNE BOUTEILLE DE CHAMPAGNE ?
30€16 !
UN NOUNOURS EN POLYAMIDE QUI CLIGNOTE DANS LA NUIT ?
LÀ, IL Y A TOUS LES PRIX, MAIS LE DERNIER QUE J'AI ACHETÉ FAISAIT 34 € 24 !
UNE BAGUE AVEC UN DIAMANT DE 50 CARATS ?
7634€ !
BON, JE VOIS QUE VOUS ÊTES INCOLLABLE, ALORS, ON VA UN PEU CORSER LE JEU !
QU'EST-CE QU'ON FAIT AVEC 1 MILLION 754 MILLE, 225 €UROS 75 ?
HEU...
DES ENVIEUX, DES TAS D'ENVIEUX !
VOUS ÊTES EMBAUCHÉ ! VOUS POUVEZ ÊTRE BANQUIER, VOUS AVEZ TOUT COMPRIS À L'ARGENT !
M... MERCI MONSIEUR LE DIRECTEUR !
MÛLLER/PERCHE

Bien conseiller pour bien financer

OH CHÉRI, C'EST VRAIMENT ICI QUE J'AI ENVIE DE TE FAIRE DES ENFANTS !
A VENDRE
ATTENDS, 'FAUT D'ABORD L'ACHETER... ET POUR ÇA, 'FAUT PRENDRE UN CRÉDIT. ALLONS À LA BANQUE.
TU NE VEUX PAS QU'ON DEMANDE À PAPA ? JE SUIS SÛRE QU'IL NOUS PRÊTERAIT DE L'ARGENT !
HORS DE QUESTION DE DÉPENDRE DE TON PÈRE. ET PUIS TU VERRAS, MONSIEUR COURTIER EST D'EXCELLENT CONSEIL.
JE SUIS CERTAIN QU'IL NOUS FERA UN CRÉDIT "SUR-MESURE." D'AILLEURS, C'EST ÉCRIT DANS LEUR PUB.
CRÉDIT NATIONAL DU PAYS
PRÊTS FUTÉS DU CNP, À TOUS BESOINS DE FINANCEMENT
BIEN. POUR RÉSUMER, VOUS AVEZ BESOIN D'UN FINANCEMENT DE 65 000 EUROS ! À COMBIEN SE MONTENT VOS REVENUS, MONSIEUR ?
1175 € PAR MOIS !
MOUAIS... ET VOUS, MADAME ?
JE SUIS FEMME AU FOYER, SANS FOYER POUR L'INSTANT. C'EST POUR ÇA QU'ON VEUT ACHETER CETTE MAISON !
MONSIEUR, JE PEUX VOUS PARLER EN PRIVÉ UNE SECONDE ?
?!
?!
JE NE VAIS PAS VOUS CACHER LA VÉRITÉ. VOTRE DOSSIER DE PRÊT SERA REFUSÉ. VOS REVENUS SONT TROP COURTS !
MINCE ! COMMENT VAIS-JE ANNONCER ÇA À MA FEMME ?
!
LES FOUS DU TAUX
ÉCOUTEZ, VOUS M'ÊTES SYMPATHIQUE ; VOUS VOULIEZ UN DE MES FAMEUX CONSEILS, EN VOILÀ UN...
LES FOUS DU TAUX
Bzzzz Bzzzzz Bzzzzz !
TILT
VOILÀ, CHÉRIE, GRÂCE À MONSIEUR COURTIER, NOUS SOMMES PROPRIÉTAIRES !
VENDU
À VENDRE
BIZARRE, TOUT À COUP, JE ME SENS DEVENIR STÉRILE !
MILLEZ/PERCHE

Evidence

MONSIEUR COURTIER, J'AI TENU À VOUS VOIR POUR FAIRE UN POINT SUR MA SITUATION !
JE VOUS ÉCOUTE, MONSIEUR CAMPOY !
J'AI UN COMPTE EN BANQUE, UNE CARTE BANCAIRE, UNE ASSURANCE CONTRE LE VOL DE MES MOYENS DE PAIEMENT, UN COMPTE SUR LIVRET...
C'EST EXACT !
... UN PLAN D'ÉPARGNE EN ACTIONS, UN CODEVI, UNE ASSURANCE DÉCÈS, UNE GARANTIE SUR LES ACCIDENTS DE LA VIE !...
TOUJOURS CORRECT !
... UN LIVRET D'ÉPARGNE FUNÉRAILLES, UN COMPTE TITRES ORDINAIRES, UN VIREMENT AUTOMATIQUE, UN COMPTE ÉPARGNE LOGEMENT...
EFFECTIVEMENT, VOUS ÊTES UN CLIENT TRÈS BIEN ÉQUIPÉ !
POURTANT, JE SUIS SÛR QU'IL ME MANQUE QUELQUE CHOSE, MONSIEUR COURTIER !
LÀ, VOUS ME SURPRENEZ ! QUOI DONC ?
DE L'ARGENT !
Miller/PERCHE

L'art de la vente

JE VOUDRAIS DÉPOSER CE CHÈQUE...
DÉSOLÉ, CE N'EST PLUS POSSIBLE !
COMMENT PLUS POSSIBLE ?!
NOUS NE PRENONS PLUS LES CHÈQUES AU GUICHET, POUR DIMINUER LES FILES D'ATTENTE. IL FAUT LES METTRE DANS LA BOÏBOÎTE LÀ-BAS !
BON, D'ACCORD, VOUS POUVEZ ME DONNER 50 EUROS EN LIQUIDE, S'IL VOUS PLAÎT !?
AH DÉSOLÉ, ÇA, ON NE FAIT PLUS NON PLUS. IL FAUT RETIRER L'ARGENT AU DISTRIBUTEUR DE BIBILLETS À CÔTÉ DE LA BOÏBOÎTE À CHÈQUES.
POINT CHÈQUES
SWIIP
BIP
PROVISION INSUFFISANTE
DITES, JE PEUX PAS RETIRER D'ARGENT AU DISTRIBUTEUR, PARCEQUE J'AI PAS PU METTRE MON CHÈQUE TOUT DE SUITE, SUR MON COMPTE !
EFFECTIVEMENT, C'EST GÊNANT, AVEC LE CHÈQUE, VOUS AURIEZ EU LA PROVISION ET VOUS AURIEZ PU RETIRER DE L'ARGENT !
BON, ÉCOUTEZ, JE VAIS FAIRE UNE CHOSE DINGUE. DONNEZ-MOI VOTRE CHÉCHÈQUE ET JE VAIS EXCEPTIONNELLEMENT L'ENREGISTRER SUR VOTRE COMPTE.
C'EST VRAI QUE C'EST DINGUE !
MAIS C'EST IMPOSSIBLE, J'AI MIS LE CHÉCHÈQUE DANS LA BOÏBOÎTE !
ALORS, JE NE PEUX RIEN FAIRE POUR VOUS... LES CHÉCHÈQUES SONT TRAITÉS PAR UNE SOCIÉTÉ EXTÉRIEURE SPÉCIALISÉE DANS LA SAISIE DE CHÈQUES ET Y A QU'EUX QU'ONT LA CLEF DE LA BOÏBOÎTE !
MAIS J'AI BESOIN DE LIQUIDE, S'IL VOUS PLAÎT !
BON, JE VAIS FAIRE UN TRUC ENCORE PLUS DINGUE... JE VAIS FORCER LE DÉBIT SUR VOTRE COMPTE POUR QUE VOUS AYEZ DE L'ARGENT !
TAP TAP TAP

→

10... 20... 30 ET 40 QUI FONT CINQUANTE €UROS !
JE PEUX AVOIR UN RELEVÉ DE COMPTE ?
TARATATA ! JE VEUX BIEN FAIRE DES CHOSES DINGUES POUR VOUS, MAIS POINT TROP N'EN FAUT, JE TIENS À MA PLACE !
C'EST-À-DIRE ?
JE N'AI PLUS LE DROIT DE DONNER D'EXTRAIT AU GUICHET POUR ÉVITER LES FILES D'ATTENTE, IL FAUT LES RETIRER AU DISTRIBUTEUR DE BILLETS QUI LES IMPRIME !
OK, J'AI COMPRIS !
AARGH ! IL M'A BOUFFÉ MA CARTE !
MINCE, J'AURAIS DÛ Y PENSER... COMME JE SAVAIS QUE VOUS DEVIEZ ENCAISSER UN CHÈQUE, J'AI MIS VOTRE COMPTE DANS LE ROUGE !...
ET ALORS ?
ALORS LA MACHINE A CONFISQUÉ VOTRE CARTE !
CLIC CLAC
TENEZ, LA VOILÀ, MAIS ATTENDEZ DEMAIN POUR LA RÉUTILISER.
OK OK... MAIS DITES-MOI COMMENT JE PEUX FAIRE POUR ÉVITER TOUS CES TRACAS ?
BEN, IL FAUDRAIT SOUSCRIRE À NOTRE OFFRE "TOUT-EN-UN" QUI COMPREND UNE OUVERTURE DE COMPTE AVEC UNE CARTE BANCAIRE, DES EXTRAITS DE COMPTE ENVOYÉS CHEZ VOUS ET UN PETIT DÉCOUVERT AUTORISÉ... VOUS N'AVEZ PLUS DE SURPRISES.
CLIC
ET COMBIEN ÇA COÛTE ?
50 €UROS PAR AN C'EST PAS CHER !
TENEZ, LES VOILÀ, VOS 50 €UROS, OUVREZ-MOI UN "TOUT-EN-UN".
?!
HEU... MAIS JE CROYAIS QUE VOUS AVIEZ BESOIN DE CET ARGENT !
LAISSEZ TOMBER, JE VAIS ME COUCHER !
?
MILLER / PERCHE

Faux-semblant

MONSIEUR COURTIER, C'EST INCROYABLE, C'EST INCROYABLE ! J'AI GAGNÉ AU LOTO... VOUS POUVEZ ME FAIRE UN VIREMENT ?
C'EST VRAI, MONSIEUR CIGALI ?
C'EST LA PREMIÈRE FOIS QUE ÇA M'ARRIVE !
OUI, PASSEZ-MOI MONSIEUR LE DIRECTEUR !
?
¿ PATRON, C'EST DUCON !
OÙ EST-IL ?
OÙ EST LE GAGNANT DU LOTO ?
ET LES FILLES, QUE FOUTENT LES FILLES ?
¡ICI, PATRON !...
START SPREADING THE NEWS, I'M LEAVING TODAY
I WANT TO BE A PART OF IT, NEW YORK, NEW YOORK
LE CNP EST FIER, POUR UNE FOIS, DE VOUS COMPTER PARMI SES CLIENTS !
BEN DITES DONC !
ZWIIP
CET ACCUEIL ME TOUCHE, SURTOUT QUE J'AI GAGNÉ QUE 3 NUMÉROS !
POK
ET MON VIIIIIIIIIREMENT ?
VOUS ÊTES SERVI !
ÇA, C'EST UN SACRÉ VIREMENT, HEIN PATRON ?
MILLER / PERCHE

Le bon compte

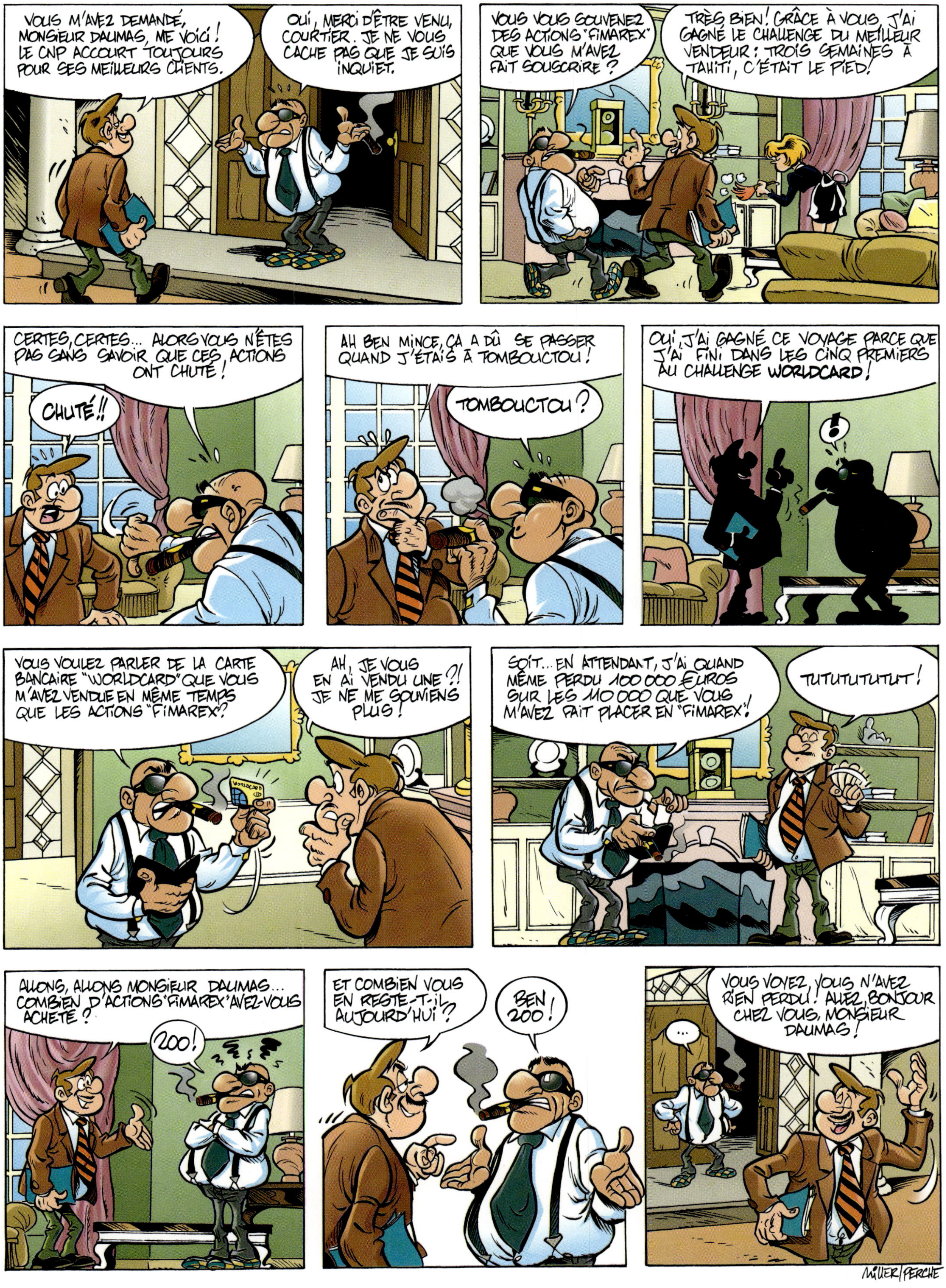
VOUS M'AVEZ DEMANDÉ, MONSIEUR DAUMAS, ME VOICI ! LE CNP ACCOURT TOUJOURS POUR SES MEILLEURS CLIENTS.
OUI, MERCI D'ÊTRE VENU, COURTIER. JE NE VOUS CACHE PAS QUE JE SUIS INQUIET.
VOUS VOUS SOUVENEZ DES ACTIONS "FIMAREX" QUE VOUS M'AVEZ FAIT SOUSCRIRE ?
TRÈS BIEN ! GRÂCE À VOUS, J'AI GAGNÉ LE CHALLENGE DU MEILLEUR VENDEUR : TROIS SEMAINES À TAHITI, C'ÉTAIT LE PIED !
CERTES, CERTES... ALORS VOUS N'ÊTES PAS SANS SAVOIR QUE CES ACTIONS ONT CHUTÉ !
CHUTÉ !!
AH BEN MINCE, ÇA A DÛ SE PASSER QUAND J'ÉTAIS À TOMBOUCTOU !
TOMBOUCTOU ?
OUI, J'AI GAGNÉ CE VOYAGE PARCE QUE J'AI FINI DANS LES CINQ PREMIERS AU CHALLENGE WORLDCARD !
VOUS VOULEZ PARLER DE LA CARTE BANCAIRE "WORLDCARD" QUE VOUS M'AVEZ VENDUE EN MÊME TEMPS QUE LES ACTIONS "FIMAREX" ?
AH, JE VOUS EN AI VENDU UNE ?! JE NE ME SOUVIENS PLUS !
SOIT... EN ATTENDANT, J'AI QUAND MÊME PERDU 100 000 EUROS SUR LES 110 000 QUE VOUS M'AVEZ FAIT PLACER EN "FIMAREX" !
TUTUTUTUTUTUT !
ALLONS, ALLONS MONSIEUR DAUMAS... COMBIEN D'ACTIONS "FIMAREX" AVEZ-VOUS ACHETÉ ?
200 !
ET COMBIEN VOUS EN RESTE-T-IL AUJOURD'HUI ?
BEN 200 !
...
VOUS VOYEZ, VOUS N'AVEZ RIEN PERDU ! ALLEZ, BONJOUR CHEZ VOUS, MONSIEUR DAUMAS !
MILLER/PERCHE

L'arme fatale

SÉCURITÉ
MADAME, SÉCURITÉ DE LA BANQUE... JE VAIS VOUS DEMANDER DE ME MONTRER LE CONTENU DE VOTRE SAC !
VOILÀ MONSIEUR, EN DEHORS DE MES AFFAIRES PERSONNELLES, VOUS VOYEZ QU'IL N'Y A RIEN DE PARTICULIER !
BIEN MADAME, POUVEZ CIRCULER !
SÉCURITÉ
MONSIEUR, S'IL VOUS PLAÎT, SÉCURITÉ DE LA BANQUE, OUVREZ-MOI VOTRE SAC À DOS !
MON DIEU, MAIS VOUS EN AVEZ POUR UNE FORTUNE !
JE SAIS, JE SAIS !...
BON DIEU ! QU'EST-CE QUE C'EST QUE ÇA ?!
BEN UNE ARME ! LES RUES NE SONT PAS SÛRES, 'FAUT BIEN PROTÉGER TOUT ÇA !
Z'AVEZ RAISON... C'EST BON, POUVEZ CIRCULER.
VIRGILE, LA PROCHAINE FOIS, LA FOUILLE, FAITES-LA À L'ENTRÉE, PAS À LA SORTIE !
MULLER/PERCHE

Catastrophique catastrophe

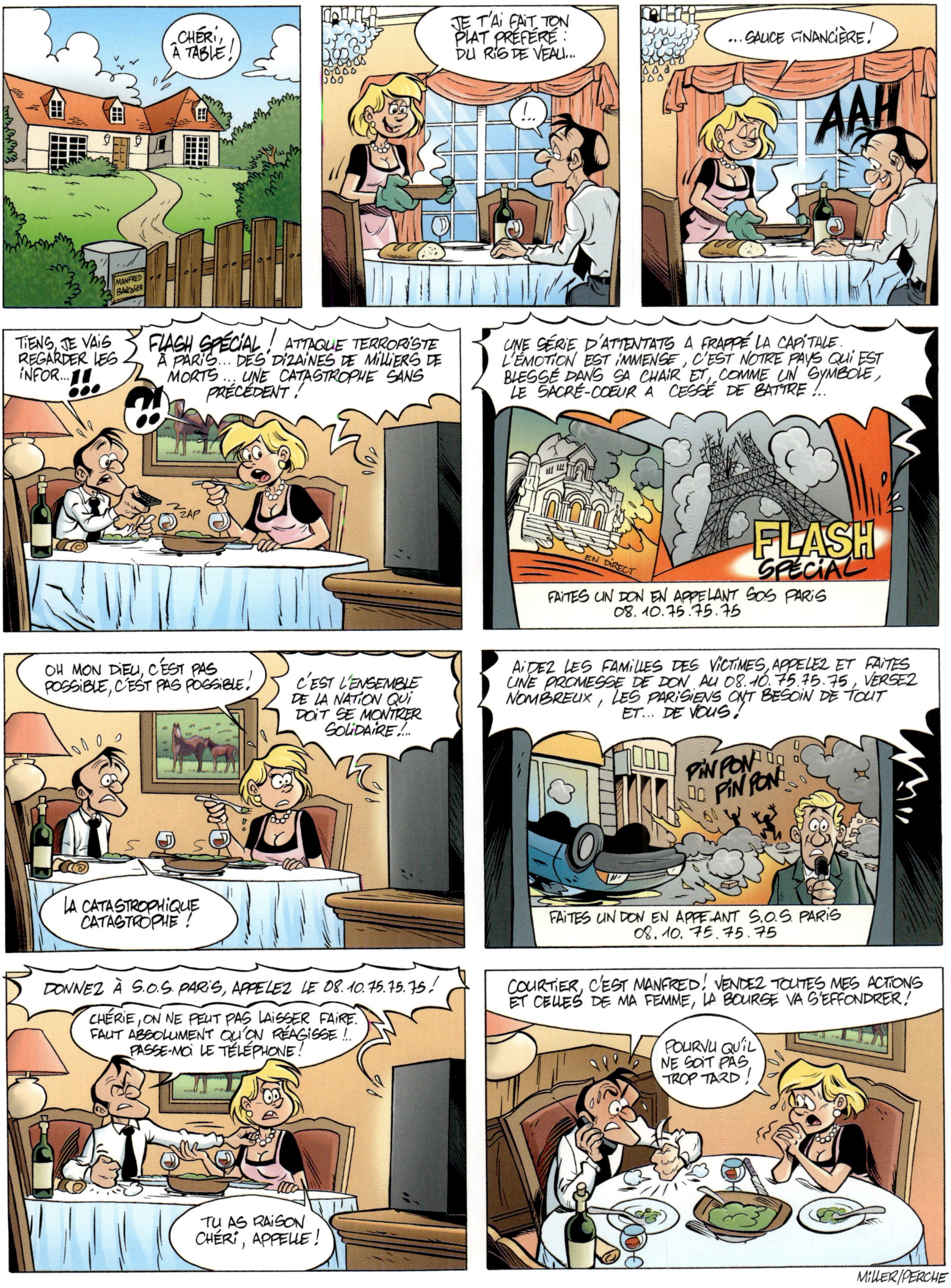
CHÉRI, À TABLE !
MANFRED BANQUIER
JE T'AI FAIT TON PLAT PRÉFÉRÉ : DU RIS DE VEAU...
!...
... SAUCE FINANCIÈRE !
AAH
TIENS, JE VAIS REGARDER LES INFOR... !!
FLASH SPÉCIAL ! ATTAQUE TERRORISTE À PARIS... DES DIZAINES DE MILLIERS DE MORTS... UNE CATASTROPHE SANS PRÉCÉDENT !
?!
ZAP
UNE SÉRIE D'ATTENTATS A FRAPPÉ LA CAPITALE. L'ÉMOTION EST IMMENSE, C'EST NOTRE PAYS QUI EST BLESSÉ DANS SA CHAIR ET, COMME UN SYMBOLE, LE SACRÉ-COEUR A CESSÉ DE BATTRE !...
EN DIRECT
FLASH SPÉCIAL
FAITES UN DON EN APPELANT S.O.S PARIS 08.10.75.75.75
OH MON DIEU, C'EST PAS POSSIBLE, C'EST PAS POSSIBLE !
C'EST L'ENSEMBLE DE LA NATION QUI DOIT SE MONTRER SOLIDAIRE !...
LA CATASTROPHIQUE CATASTROPHE !
AIDEZ LES FAMILLES DES VICTIMES, APPELEZ ET FAITES UNE PROMESSE DE DON AU 08.10.75.75.75, VERSEZ NOMBREUX, LES PARISIENS ONT BESOIN DE TOUT ET... DE VOUS !
PIN PON PIN PON
FAITES UN DON EN APPELANT S.O.S PARIS 08.10.75.75.75
DONNEZ À S.O.S. PARIS, APPELEZ LE 08.10.75.75.75 !
CHÉRIE, ON NE PEUT PAS LAISSER FAIRE. FAUT ABSOLUMENT QU'ON RÉAGISSE !.. PASSE-MOI LE TÉLÉPHONE !
TU AS RAISON CHÉRI, APPELLE !
COURTIER, C'EST MANFRED ! VENDEZ TOUTES MES ACTIONS ET CELLES DE MA FEMME, LA BOURSE VA S'EFFONDRER !
POURVU QU'IL NE SOIT PAS TROP TARD !
MILLER/PERCHE

Surveillance maximale

National
!
OH, TOI, TU M'AS PAS L'AIR CATHOLIQUE !
MAYDAY MAYDAY
MONSIEUR, MONTREZ-MOI UN PEU CE QUE VOUS CACHEZ SOUS VOTRE MANTEAU ! SÉCURITÉ DE LA BANQUE !
!
ALERTE !
PAF
PAF
QU'EST-CE QUE... MAIS, CE SONT DES BONS ANONYMES, ÇA !!
J'AI TOPÉ UN BRAQUEUR, MONSIEUR LE DIRECTEUR !
?
!
MAIS, C'EST MONSIEUR DAUMAS, NOTRE MEILLEUR CLIENT ! QU'EST-CE QUE VOUS FAITES DÉGUISÉ AINSI ?
OUPS !
JE VOULAIS JUSTE CHANGER CES BONS ANONYMES DISCRÈTEMENT !
!
MILLER/PERCHE

SOS au SAS

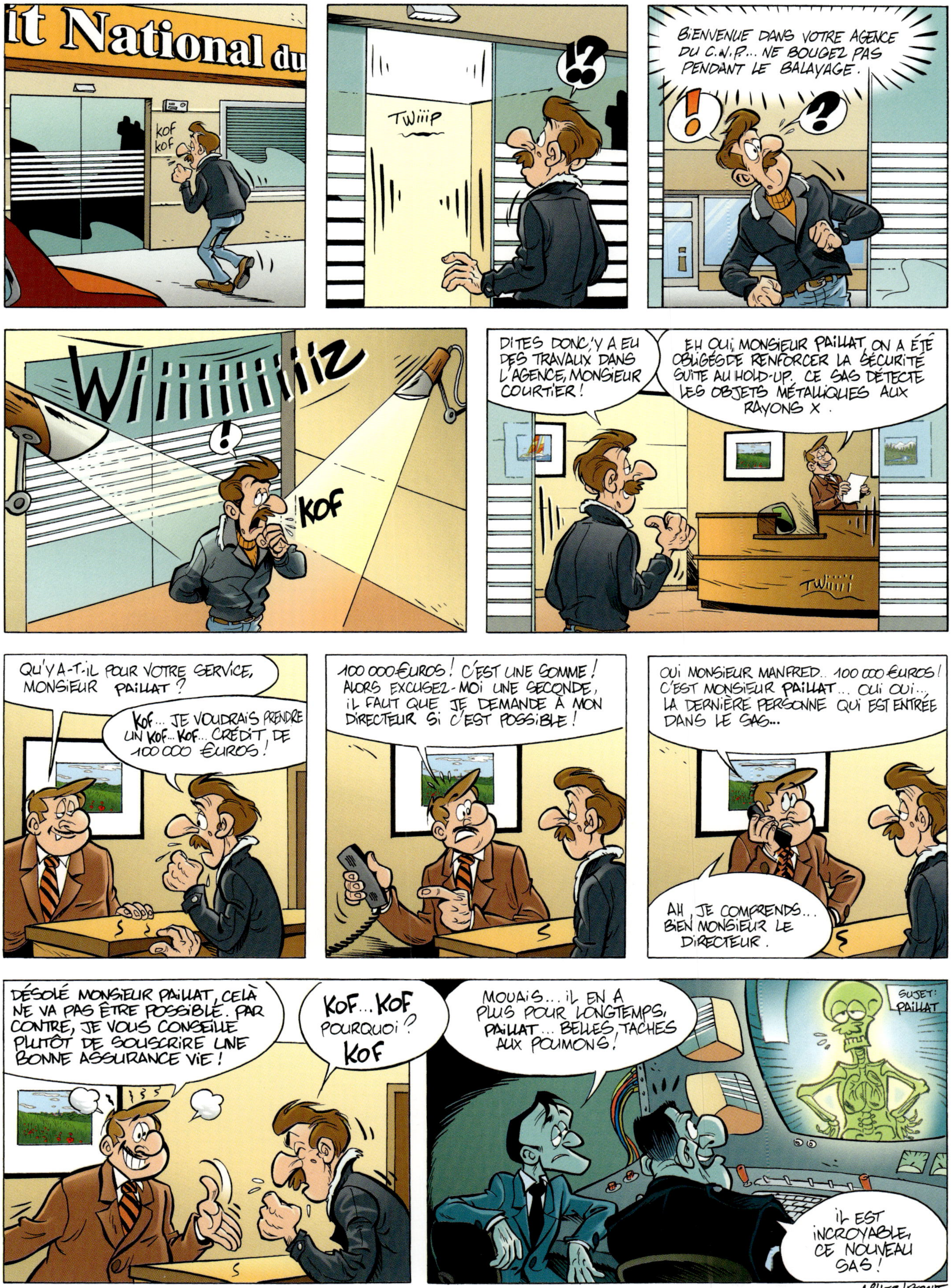
it National du
KOF KOF
TWiiiP
BIENVENUE DANS VOTRE AGENCE DU C.N.P... NE BOUGEZ PAS PENDANT LE BALAYAGE.
WIIIIIIIIIIZ
KOF
DITES DONC, Y A EU DES TRAVAUX DANS L'AGENCE, MONSIEUR COURTIER !
EH OUI, MONSIEUR PAILLAT, ON A ÉTÉ OBLIGÉS DE RENFORCER LA SÉCURITÉ SUITE AU HOLD-UP. CE SAS DÉTECTE LES OBJETS MÉTALLIQUES AUX RAYONS X.
TWiiiii
QU'Y A-T-IL POUR VOTRE SERVICE, MONSIEUR PAILLAT ?
KOF... JE VOUDRAIS PRENDRE UN KOF... KOF... CRÉDIT, DE 100 000 €UROS !
100 000 €UROS ! C'EST UNE SOMME ! ALORS EXCUSEZ-MOI UNE SECONDE, IL FAUT QUE JE DEMANDE À MON DIRECTEUR SI C'EST POSSIBLE !
OUI MONSIEUR MANFRED... 100 000 €UROS ! C'EST MONSIEUR PAILLAT... OUI OUI... LA DERNIÈRE PERSONNE QUI EST ENTRÉE DANS LE SAS...
AH, JE COMPRENDS... BIEN MONSIEUR LE DIRECTEUR.
DÉSOLÉ MONSIEUR PAILLAT, CELÀ NE VA PAS ÊTRE POSSIBLE. PAR CONTRE, JE VOUS CONSEILLE PLUTÔT DE SOUSCRIRE UNE BONNE ASSURANCE VIE !
KOF... KOF POURQUOI ? KOF
MOUAIS... IL EN A PLUS POUR LONGTEMPS, PAILLAT... BELLES TACHES AUX POUMONS !
SUJET: PAILLAT
IL EST INCROYABLE, CE NOUVEAU SAS !
MiLLER / PERCHE

«Il» est la lumière

TWiiiii
POINT CHÈQUES
MON DIEU, "IL" ARRIVE !
TARI!TARATAR
MONSIEUR LE DIRECTEUR, "IL" EST LÀ !
QUI ?
"IL" JE VOUS DIS !
WINDOSE
Bonjour, Manant !
MON DIEU, "IL" M'A PARLÉ... "IL" M'A MÊME PEUT-ÊTRE VU !
C'EST QUI, CE GLO-GLO ?
SANTA MADONA DE PORQUE MISERIA DE CRIMA DE LESA-MAJESTA ! BLASPHÈME, BLASPHÈME, IL L'A APPELÉ GLO-GLO !
QU'OIS-JE COURTIER ? COMMENT "IL" VIENT D'ÊTRE NOMMÉ ?!
TSii TSii
ALLONS, FAQUIN, REPENS-TOI ! CET HOMME A DROIT DE VIE ET DE MORT EN CES MURS ET SUR TA MISÉRABLE EXISTENCE PAÏENNE... C'EST LE DIRECTEUR GÉNÉRAL !

HEU... JE PEUX VOUS RAPPELER QUELQUE CHOSE, MANFRED ?
QUOI, VALETAILLE ?
JE SUIS CLIENT ET N'AI RIEN À FICHE DE CE GLO-GLO !
SILENCE
Tss... Tss... qui est cet homme ?
TAP TAP
UN CLIENT MÉCONTENT, VOTRE SEIGNEURIE !
BISE BISE
Pléonasme, Manfred... pléonasme... un client est toujours mécontent !
HA HA HA ! C'EST TRÈS JUSTE VOTRE SEIGNEURIE.
Je sais, je sais, il ne me déplaît point d'user à excellent escient de ce que le peuple nomme calambour !
HA HA... QUEL ESPRIT !
POUF POUF, QUEL HUMOUR !
Client, je ne vous en veux point et je vais vous le signifier...
Manfred, fidèle écuyer, faites don à cet homme, car tel est mon bon vouloir !
2002

RECEVEZ CE CALENDRIER DE FIN D'ANNÉE ET ALLEZ EN PAIX, MONSIEUR DAUMAG !
2002
QUE ME VAUT L'HONNEUR DE VOTRE VISITE, VOTRE ALTESSE ?
DITES, IL EST DE L'ANNÉE DERNIÈRE, CE CALENDRIER !
CHUT !... VOUS AVEZ FAIT ASSEZ DE BÊTISES
2002
Manfred, nous sommes venu, car nous sommes content de vous !
MERCI MERCI !...
HEU... MAIS QU'AI-JE FAIT AU JUSTE ?
Grâce à vous, il nous est arrivé une chose extraordinaire, et nous saurons nous en souvenir lors de votre prochaine notation !
CERTES, MAIS ENCORE, VOTRE ALTESSE ?
Nous avons rencontré la femme de notre vie et sommes ici pour l'emmener à nos épousailles !
AH !
Mademoiselle Linda !
?!
PURÉE, C'EST PLUS DE L'ASCENSEUR, C'EST DE LA FUSÉE INTERSTELLAIRE !
VIVE LINDA
LONGUE VIE AU DIRECTEUR GÉNÉRAL !
HOURRAH
MILLER/PERCHE

Le manager

16 HEURES 45 GMT...
ALLEZ, ON S'ACTIVE, JE VEUX LES ARRÊTES DE CAISSE DANS DIX MINUTES !
BONNE SOIRÉE, MESSIEURS-DAMES, L'AGENCE ROUVRIRA DEMAIN 8 H 30 !
SOUPIR !
ALORS, COURTIER. C'EST MOU TOUT ÇA ! QUE SE PASSE-T-IL ?
J'AI PAS LA PÊCHE, PATRON, JE CROIS QUE J'AI HONTE D'ÊTRE BANQUIER !
POURQUOI, MON PETIT COURTIER ?
LES GENS CROIENT QUE LES BANQUIERS SONT SURPAYÉS, ALORS QUE JE BOUCLE À PEINE LES FINS DE MOIS...
C'EST NORMAL, ILS VOUS VOIENT MANIPULER DE L'ARGENT TOUTE LA JOURNÉE.
C'EST VRAI, MAIS PASSE ENCORE QU'ILS ME CROIENT RICHE, ILS PENSENT EN PLUS QUE JE SUIS UN FAINÉANT QUI NE TRAVAILLE QUE SIX HEURES PAR JOUR !
C'EST PARCE QU'ILS NE SAVENT PAS QUE LE TRAVAIL CONTINUE QUAND L'AGENCE EST FERMÉE : LES ARRÊTÉS DE CAISSE, LES RÉUNIONS, LE PASSAGE DES ÉCRITURES, ETC...
LES GENS CROIENT QUE JE SUIS UN IMBÉCILE... BOUHOU...
ALLONS, ALLONS, RIEN À VOIR AVEC VOTRE STATUT DE BANQUIER, ÇA !
JE CROIS QUE JE VAIS ME SUICIDER !
SI ÇA NE VOUS DÉRANGE PAS, CLÔTUREZ VOTRE CAISSE AVANT...
JE VOUS PARLE DE SUICIDE ET C'EST TOUT CE QUE VOUS AVEZ À DIRE ?
OH, JE SUIS DÉSOLÉ, COURTIER.
C'EST VRAI, EXCUSEZ-MOI, JE MANQUE TOTALEMENT À MON DEVOIR DE MANAGER.
JE TROUVE AUSSI...
SURTOUT, NE FAITES PAS D'ERREUR DE CAISSE OU CE SERA RETENU SUR VOTRE PAYE !
SOUPIR !
MILLER/PERCHE

La relativité

CHEF, J'AI UN CLIENT QUI RÂLE !...
ÉCOUTEZ, COURTIER, ON VA FAIRE UN TRUC DORÉNAVANT. VOUS ME DÉRANGEREZ QUAND LES CLIENTS NE RÂLERONT PLUS !
Les Echos
WINDOSE 25.1
OK, MAIS QU'EST-CE QUE JE FAIS? CE CLIENT VEUT ABSOLUMENT VOIR LE DIRECTEUR !
DÉRANGER LE DIRECTEUR... ME DÉRANGER !.. ET PUIS QUOI ENCORE... Y'VEUT PAS 100 BALLES ET UN "MARS", NON PLUS !
IL DIT QUE SI VOUS NE VENEZ PAS LE VOIR, IL CLÔTURERA SES COMPTES.
ET ALORS, CE SERAIT PAS LE PREMIER !
SAUF QU'IL A 2 MILLIONS D'EUROS DE CAPITAL !
SI VOUS N'AIMEZ PAS LE "MARS", JE PEUX VOUS TROUVER UN "TWIX" OU UN "SNICKER" !
MARS

MILLER/PERCHE

Les moyens justifient la faim

LES COURGES, ON A UN PROBLÈME... NOUS SOMMES TELLEMENT EN RETARD SUR NOS OBJECTIFS COMMERCIAUX, QU'ON RISQUE DE NE PAS AVOIR DE PRIME !
CAFÉ
LE PROBLÈME N'EST PAS DANS VOTRE SAVOIR-FAIRE COMMERCIAL, CE QUI ME SURPREND, C'EST SIMPLEMENT QUE LES GENS QUI TRAVAILLENT NE PEUVENT PAS VENIR EN AGENCE...
PRIME
BEN OUI, C'EST LOGIQUE, MONSIEUR LE DIRECTEUR. NOUS OUVRONS DE 8H30 À 12H ET DE 13H À 16H45. À CES HEURES-LÀ, LES CLIENTS SONT SUR LEUR LIEU DE TRAVAIL !..
EXACT MONSIEUR COURTIER, BRILLANTE ANALYSE !..
EN CONSÉQUENCE, SI NOUS VOULONS ATTEINDRE NOTRE OBJECTIF COMMERCIAL, NOUS DEVONS MODIFIER NOS HORAIRES D'OUVERTURE !
SOIT NOUS OUVRONS LE SOIR JUSQU'À 22 HEURES, SOIT NOUS FAISONS LA JOURNÉE CONTINUE, EN RESTANT OUVERT AUX HEURES DU MIDI...
J'AI DÉCIDÉ QUE CELA DEMANDERAIT UNE DÉCISION PARTICIPATIVE, ET QUE JE NE POUVAIS PAS IMPOSER ÇA À VOUS ET À VOS FAMILLES... NOUS ALLONS DONC VOTER !..
QUI PRÉFÈRE TRAVAILLER LE MIDI ?
BELLE UNANIMITÉ, JE SUIS FIER DE VOUS ! C'EST SI BEAU UNE ÉQUIPE SOUDÉE ! ET LA BONNE NOUVELLE, C'EST QUE VOUS ALLEZ FAIRE DES ÉCONOMIES, PUISQUE VOUS N'AUREZ PLUS BESOIN DE TICKETS RESTAURANT !
ALORS, MON BON MANFRED, COMMENT AVEZ-VOUS FAIT POUR LEUR FAIRE PASSER LA SUPPRESSION DES TICKETS RESTAURANT ?
LE SECRET, MON CHER, C'EST LA DÉMOCRATIE !
M. BRABANT CHEF DU SERVICE DU PERSONNEL
MILLER PERCHE

Invitation

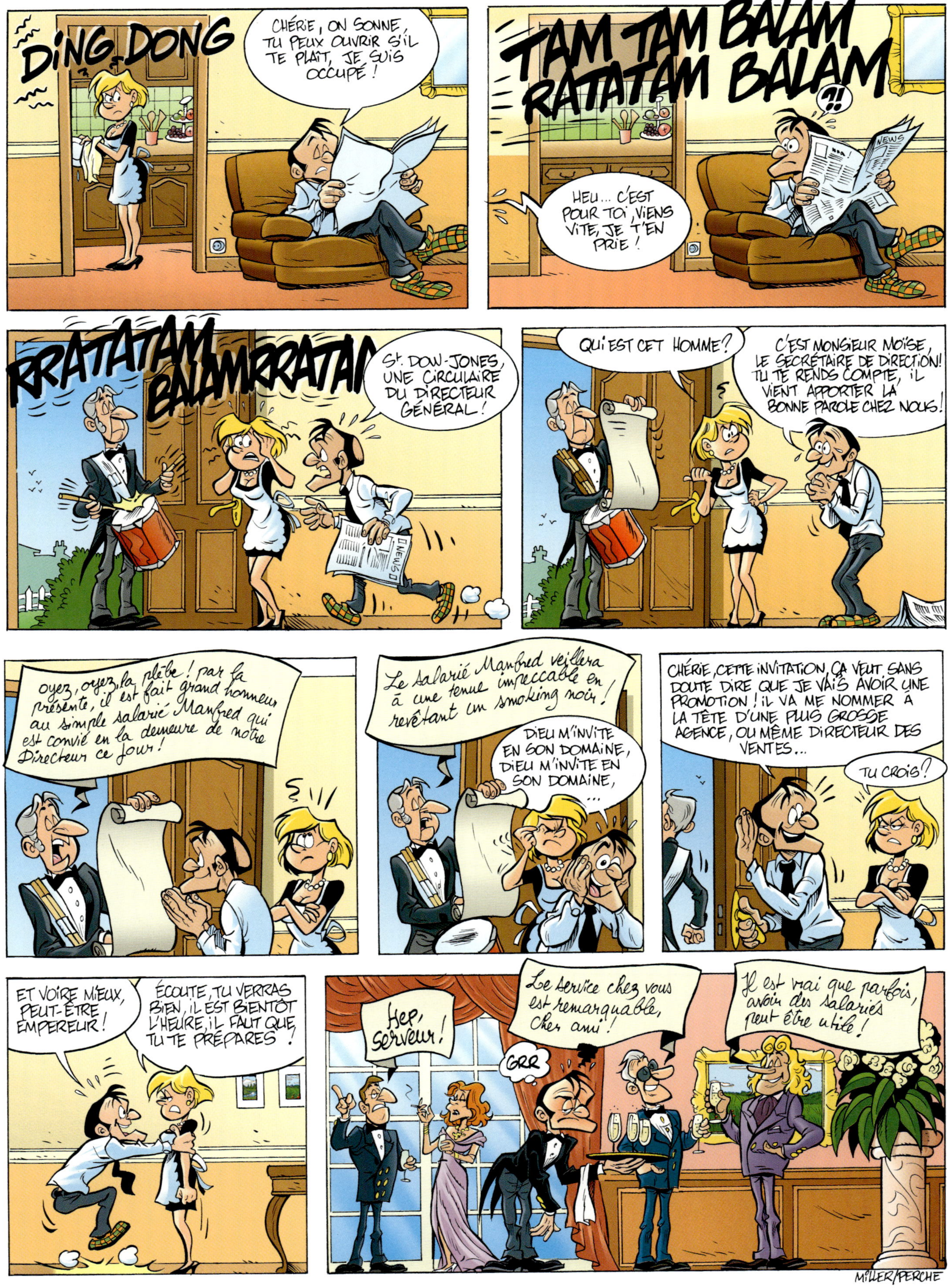

DING DONG
CHÉRIE, ON SONNE, TU PEUX OUVRIR S'IL TE PLAÎT, JE SUIS OCCUPÉ !
TAM TAM BALAM
RATATAM BALAM
?!
NEWS
HEU... C'EST POUR TOI, VIENS VITE, JE T'EN PRIE !
RRATATAM BALAMRRATAM
St. DOW-JONES, UNE CIRCULAIRE DU DIRECTEUR GÉNÉRAL !
NEWS
QUI EST CET HOMME ?
C'EST MONSIEUR MOÏSE, LE SECRÉTAIRE DE DIRECTION ! TU TE RENDS COMPTE, IL VIENT APPORTER LA BONNE PAROLE CHEZ NOUS !
Oyez, oyez, la plèbe ! par la présente, il est fait grand honneur au simple salarié Manfred qui est convié en la demeure de notre Directeur ce jour !
Le salarié Manfred veillera à une tenue impeccable en revêtant un smoking noir !
DIEU M'INVITE EN SON DOMAINE, DIEU M'INVITE EN SON DOMAINE, ...
CHÉRIE, CETTE INVITATION, ÇA VEUT SANS DOUTE DIRE QUE JE VAIS AVOIR UNE PROMOTION ! IL VA ME NOMMER À LA TÊTE D'UNE PLUS GROSSE AGENCE, OU MÊME DIRECTEUR DES VENTES...
TU CROIS ?
ET VOIRE MIEUX, PEUT-ÊTRE EMPEREUR !
ÉCOUTE, TU VERRAS BIEN, IL EST BIENTÔT L'HEURE, IL FAUT QUE TU TE PRÉPARES !
Hep, serveur !
GRR
Le service chez vous est remarquable, cher ami !
Il est vrai que parfois, avoir des salariés peut être utile !
MILLER/PERCHE

Erreurs de caisse

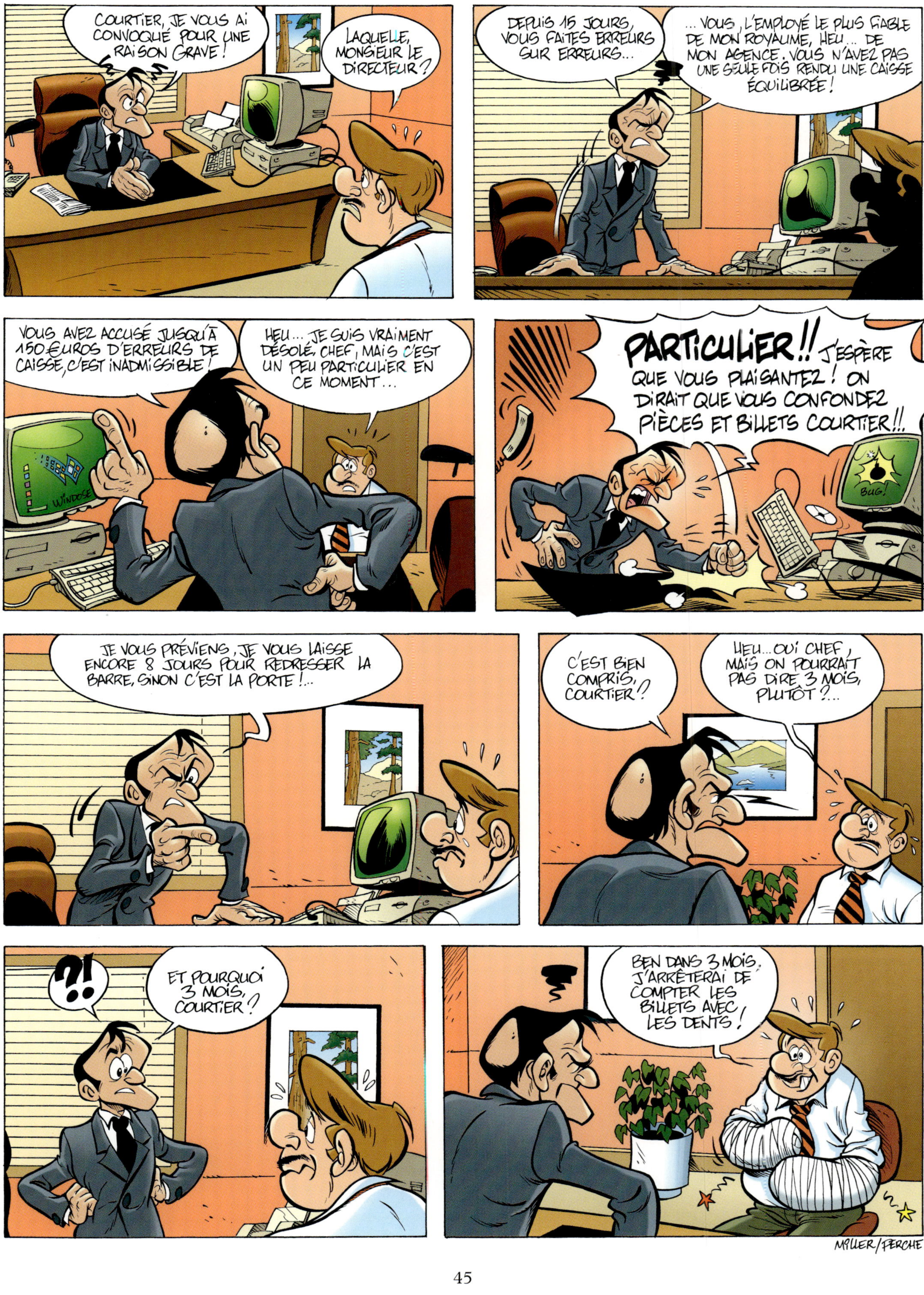
COURTIER, JE VOUS AI CONVOQUÉ POUR UNE RAISON GRAVE !
LAQUELLE, MONSIEUR LE DIRECTEUR ?
DEPUIS 15 JOURS, VOUS FAITES ERREURS SUR ERREURS...
... VOUS, L'EMPLOYÉ LE PLUS FIABLE DE MON ROYAUME, HEU... DE MON AGENCE. VOUS N'AVEZ PAS UNE SEULE FOIS RENDU UNE CAISSE ÉQUILIBRÉE !
VOUS AVEZ ACCUSÉ JUSQU'À 150 EUROS D'ERREURS DE CAISSE, C'EST INADMISSIBLE !
HEU... JE SUIS VRAIMENT DÉSOLÉ, CHEF, MAIS C'EST UN PEU PARTICULIER EN CE MOMENT...
WINDOSE
PARTICULIER !! J'ESPÈRE QUE VOUS PLAISANTEZ ! ON DIRAIT QUE VOUS CONFONDEZ PIÈCES ET BILLETS COURTIER !!
BUG !
JE VOUS PRÉVIENS, JE VOUS LAISSE ENCORE 8 JOURS POUR REDRESSER LA BARRE, SINON C'EST LA PORTE !...
C'EST BIEN COMPRIS, COURTIER ?
HEU... OUI CHEF, MAIS ON POURRAIT PAS DIRE 3 MOIS, PLUTÔT ?...
?!
ET POURQUOI 3 MOIS, COURTIER ?
BEN DANS 3 MOIS, J'ARRÊTERAI DE COMPTER LES BILLETS AVEC LES DENTS !
MILLER/PERCHE

Hypokhâgne

BON, LES COURGES, VOTRE ATTENTION S'IL VOUS PLAÎT ! LA SITUATION EST GRAVE !
LA PYRAMIDE DES ÂGES DES CLIENTS DE L'AGENCE EST DÉSÉQUILIBRÉE... NOUS AVONS BEAUCOUP DE VIEUX, ET TANT MIEUX ! CAR ILS ONT DES SOUS !
♀ ♂
70 65 60 55 50 45 40 35 30 25 20 15 10
KADOK
NOUS N'AVONS PAS ASSEZ DE JEUNES CLIENTS !
...LES JEUNES SERONT NOS VIEUX DE DEMAIN, ET DONC, NOS SOUS DE DEMAIN !
AUSSI, JE VOUS EXHORTE À FAIRE DURER NOS VIEUX ET À COMMENCER UN ÉLEVAGE DE JEUNES !
MAIS JE NE VEUX PAS N'IMPORTE QUEL JEUNE ! NE M'AMENEZ PAS DE L'ILLETTRÉ, DU DROGUÉ OU DU YÉ-YÉ... JE VEUX DE L'ÉTUDIANT QUI DEMAIN GAGNERA DE L'ARGENT !
PURÉE, ÇA VA ÊTRE DUR !
FOUÊTE
PAF
ET S'IL FAUT ACHETER CES ÉTUDIANTS EH BIEN ACHETONS, MESSIEURS !

→

TROIS JOURS PLUS TARD...
BONJOUR JEUNE HOMME, JE PEUX VOUS AIDER ?
OUI, JE SUIS EN ÉTUDES DE LETTRES ET JE VOUDRAIS OUVRIR UN COMPTE !
CNP
MON DIEU ENFIN UN !
VOUS AVEZ FRAPPÉ À LA BONNE PORTE, VENEZ, PASSONS DANS MON BUREAU...
VOUS AIMEZ LES JEUX VIDÉO ?
HEU... OUI, POURQUOI ?
VOILÀ UNE "PLAY 2 TAZION IV" COMME CADEAU DE BIENVENUE !
?!
MOUAIS, PAS MAL, MAIS LA BANQUE MUTUELLE M'A OFFERT UNE "Y-BOX" !
AH
PAR CONTRE, J'AIME BIEN LE STYLO "ROND BLANC" QUE VOUS AVEZ LÀ !...
AH... C'EST-À-DIRE... C'EST UN CADEAU DE MA FEMME !...
BON, JE NE VOUS LE DONNE QUE SI VOUS L'UTILISEZ POUR SIGNER CETTE OUVERTURE DE COMPTE !
OK
LÀ, JE SUIS MÛR POUR UNE PRIME !
FINANCEZ VOS PROJETS
CNP
SCRITCH
?!
UNE CROIX ! T'AS FAIT UNE CROIX POUR SIGNER !!.. JE CROYAIS QUE T'ÉTAIS EN ÉTUDES DE LETTRES !
SNIF
OUI, MAIS JE SUIS QU'AU TOUT DÉBUT !
FINANCEZ VOS COUPS DE
CNP
MIIER | PERCHE

De l'autre côté

VOILÀ MADAME, BONNE JOURNÉE !
BEN, COURTIER, QU'EST-CE QUE TU FAIS ICI ?! TU DEVAIS PAS ÊTRE EN CONGÉS ?
MONSIEUR COURTIER, MON PETIT !
HEU... TU DÉRAILLES, COURTIER ?!
J'AI DIT: MONSIEUR COURTIER !
M'ENFIN, COURTIER !
BON ! IL SUFFIT ! APPELEZ-MOI LE DIRECTEUR !
BON, QUE SE PASSE-T-IL ? C'EST ENCORE COURTIER QUI MET LA FOIRE ?!
TARATATA !
VOUS RECONNAISSEZ CECI ?
BEN, C'EST UNE FEUILLE DE CONGÉS SIGNÉE PAR MOI !
ET DÛMENT TAMPONNÉE ET ENREGISTRÉE PAR LE SERVICE DU PERSONNEL, C'EST VRAI, MON PETIT MANFRED !
ALORS FAUDRAIT VOIR À MONTRER PLUS DE RESPECT POUR UN CLIENT !!...
MILLER/PERCHE